子どもの頭が良くなる読書法

チェ・スンピル
訳・北野 博己

ダイヤモンド社

공부머리 독서법

Effective Reading

First original Korean edition published by Chaekguru
Japanese translation rights arranged with Chaekguru
through CREEK&RIVER ENTERTAINMENT Co., Ltd.

はじめに

読書こそ、最も偉大な勉強法

新米の塾講師時代のことです。授業をスタートしてみると、勉強のできる生徒たちばかり。平均90点程度では、優等生といえないほどでした。小学生ながら中学の数学問題を解き、ハイレベルな英語の授業を聞き、韓国史に精通し、理科の基礎知識も豊富です。一週間のスケジュールは塾でびっしり埋まっているのに、ちっともつらそうではありません。それどころか、塾が楽しくてしかたないといった様子でした。ネイティブスピーカーの先生とレスリングをし、講師と雑談を交わし、友達とふざけあったりして、見るからに生き生きとしています。

「塾の威力は大したものだ。誰もこの子たちにはかなわない」

私は心から感嘆しました。韓国における教育トップの地とされる大峙洞《テチドン》に足を踏み入れたときに抱いた、これが強烈な第一印象であり、感想でした。

一年が経ちました。

受け持ちの生徒たちは中学生になり、私も韓国史と世界史を兼任して中等部に異動しました。中学での最初の試験が行われると、ここでまた私は仰天しました。生徒たちの成績が、まるで約束でもしたようにそろって落ちていたからです。五人中平均90点を超えたのはたった一人、あとの四人は平均70〜80点台、さらには60点台の子もいます。永遠に優等生であり続けるように見えた、あの生徒たちが……。あわてて先輩講師に相談したところ、

「小学生のときは、みんなできるんです。中学に入ればこんなものですよ。高校生になると、もっと困ったことになります」

と当然のことのように答えるのですが、私は「へえ、そうなんですか」と受け流すことはできませんでした。実際に接していても信じ難《がた》いほど優秀だった生徒たちです。あの子たちでさえガクッと成績を落とすほど難しいとしたら、中学の教科書のほうによほど問題があるに違いありません。私は塾の書庫を探し回り、中学校の教科書をすべて引っ張り出して、英語、数学、理科、社会の教科書を一冊ずつ丹念に確かめ始めました。

「これはいったい、どういうことだ?」

教科書を読みながら、さらに深い迷宮に迷い込んだ気分になりました。

それらはごく普通の、中1用の教科書でした。読み進んでいけばおのずと理解できる、平易な、よくあるただの教科書です。あの賢い子たちがこんなやさしい教科書に苦戦する

なんて、まったく理解できません。もう一度生徒たちに聞いてみると、

「本当に難しいです。中学は小学校とは次元が違いますから」

となかば降参ぎみです。さては難しい副教材でも使っているのだろうと思い、学校の授業は教科書以外のプリントや教材で勉強しているのかと尋ねると、生徒たちは首を横に振りました。授業では主に教科書を使用し、試験も教科書の範囲から出題されると言います。

教務室に戻って理科の教科書を開き、まだ学習していない後半の2ページをコピーしてきました。それを生徒たちに配り、書かれていることをきちんと把握しながら読んで内容を説明するよう指示しました。

「まだ習っていません」

そう応じる生徒は、「そんなの知るわけないでしょう」といった表情です。

「習ってなくても、読んで理解することはできるだろう。プリントを見てもいいから、説明してごらん」

驚いたことに、正確に説明できた生徒は一人もいませんでした。多分こんなことが書かれていた、と数人がたどたどしく説明したものの、多くのポイントを誤って解釈しています。文章を一文ずつ一緒に読みながら生徒たちに意味を何度も問いただし、そこでようやく受け入れました。**英語はペラペラ、何学年も上の数学問題を解くこの優秀な生徒たちが、**

本来の自分の学年の教科書を読み解く力はとんでもなく低いという事実を。

教科書を読んで理解することが、彼らはできていなかったのです。

子どもの成績を決めるのは「読解力」

私は読解力と成績との相関関係を明らかにしようと決意し、加えて読書と読解力の相関関係も解明しようと思いました。ところがいざ始めようとして、途方に暮れてしまいました。当時は中学生を対象とした読解力評価ツールがなかったためです。そこで考え出した方法が、修能試験（大学修学能力試験）。韓国で実施されている大学共通の入学試験。毎年11月中旬に設定され、一日ですべての試験を行う。この結果で志望校を決定し二次試験を受ける）の国語問題を変形させることでした。修能試験の国語は大学受験生を対象にした言語能力評価試験です。その問題の型を分析し、問題文のみを中学生レベルに変えれば、どうにか読解力を測定できるはずです。数週間の苦闘の末、30問からなる中学生用基礎言語能力評価テストを作成しました。

評価結果は実に驚くべきものでした。**基礎言語能力評価点の順位と、中学進学後の成績下落順位がほとんど一致したのです。**基礎言語能力評価点の高い生徒たちは中学生になってむしろ成績を上げるか、落ちてもそれほどではありませんでした。一方、評価点の低いグループの生徒は、低ければ低いほど成績も大きく落ち込んでいます。

もちろん1回のテストでは確かな結果とはいえません。しかし有力な仮説を立てることはできました。

―― 仮説1 読解力が高いほど勉強ができる ――

読書が読解力にどんな影響を及ぼすのか、つきとめる必要がありました。当時私が勤めていた論文・作文指導塾では、毎週一冊の本を読んできて、その本に合った教材で討論し、作文するという授業を行っていました。しかし生徒の読書状態を確かめる方法はありません。授業は最後まで読了したという前提で進められます。

そこで「読書忠実度テスト」と称し、本の核心内容を問う10～15問の簡単な評価テストを作りました。その本を理解しながら読んでさえいれば全問正解できる、極めてシンプルなテストです。しかし衝撃的な結果となりました。10問中、やっと5問正解できた生徒がパラパラいる程度です。これまで相当な割合の生徒たちが、課題の本をきちんと読まずに塾に来て討論し、作文だけ書いて帰っていたことが判明しました。

「これから毎週、読書忠実度テストをする。よく本を読んでくるように」

もちろんそれで、生徒全員がちゃんと本を読んでくるわけがありません。ちゃんと読んでくる子もいれば、そうでない子もいました。

六カ月後、再び基礎言語能力評価テストを行うと、よく本を読んだグループと、そうでないグループの点差は歴然と表れました。一気に20～30点上げた子がいるかと思えば、足踏み状態の子もいます。私はまた、別の仮説を立てました。

―― 仮説2　読書は読解力を引き上げる ――

それから十数年が経ち、多くの生徒との出会いがありました。小学校低学年から高校生まで、子どもたちがどんな過程を経て、どのように成長するのかを見守ってきました。ともに本を読み、そのつど読書忠実度テストで読書状態を確認しながら六カ月ごとに基礎言語能力評価テストを行って、成績変化の分析を続けました。

「読解力が高いほど勉強ができる」「読書は読解力を引き上げる」という二つの仮説は、絶えず検証されてきたことになります。

【本書の活用法】

若くかわいい読み手たちは、私に意義深く重要な足跡を残してくれました。その足跡は、一人一人がどのように本を読み、そして言語能力がどれだけ向上し、それによって成績がどう変わったかという成長の記録です。どんな本が好きか、また嫌いか、どのように読めば大きく伸び、あるいは伸び悩むのかを、彼らは身をもって示してくれています。

生徒たちが残してくれた軌跡を振り返るたび、私は感嘆せざるをえません。その中には、教育や学習に関する無数の秘密がそっくり発見できるからです。


「中学、高校と進学するたび、なぜ成績が落ちるのか？」

「何冊の本を、どう読めば成績が上がるのか？」

「進んで勉強する子に育てるには？」

「勉強ができる子にするにはどうすればいい？」

「どう育てれば、本好きの子になる？」

これらの質問の答えは、多くの若き読み手の軌跡の中にすべて見つけることができます。そして生徒たちから受け取ったその答えを伝えるため、私は全国の学校、図書館、教育庁を回り、学生や保護者らに読書法、すなわち勉強法を講演してきました。

講演に臨《のぞ》むと、いつも時間不足になるのが悩みです。2時間あまりの講演時間では、話せることは限られています。質問時間が長引いてしまい、すべてお答えできないことも、いつも心残りでした。それがまさに、本書を書いた理由です。

本書は**「第1部　初級編　本に慣れていない子のための、頭が良くなる読書法」**によって基礎を築き、**「第2部　上級編　もっと頭が良くなる読書法」**によって強化する方法で構成されています。読書習慣が身に付いていたとしても、ほとんどの子が不慣れな読書家に相当します。そこで本書を読む際には、第1部初級編に記載した読書法で確実に基礎を固めたうえで第2部上級編の読書法へお進みください。

「第1部　初級編　本に慣れていない子のための、頭が良くなる読書法」は七つの章で構成されています。

第1章　小学校の優等生の9割が脱落するのはなぜ？　では、教育課程全体にわたって生徒たちの成績がどのように変わるのかを現象面と統計から解説し、変化の理由を追求します。

第2章　言語能力が成績を決める　では、進学後に成績が急上昇した学生の事例をもとに、言語能力が学習に及ぼす影響力を考察します。

第3章　文学作品を読んで成績が上がるわけ　では、青少年向けの小説を二週間に一冊ずつ二十冊読んだ場合、いかに言語能力が伸びるかを見ていきます。物語を読むことが科目別の成績に及ぼす影響と、その原理を解明します。

第4章　児童文学が嫌いなうちの子はどうすればいい？　では、年齢相応の文学書を読んでも理解できない小学校低学年について取り上げます。読解力不足の状態に陥る理由と予防法、克服法も記載しました。

第5章　本離れする小学校高学年と中高生、突破口を探せ！　では、小学校低学年の読解力不足と高学年から中高生の読解力不足との違いを明らかにし、脱出方法を探ります。

第6章　子どもを読書家に育てる第一歩――幼児期の注意　では、読書型人材のメカニズムを調べ、本当に子どものためになる勉強法とは何かを提案します。

第7章　一人読みを阻むものは何？　では、小学生への読書指導法と注意点を示します。

「第2部 上級編　もっと頭が良くなる読書法」は三つの章で構成されています

第1章 知識は習うものではなく気づくもの　では、教養書の本質と、教養書読書の目覚ましい効果を取り上げます。

第2章 教養書への道は案外近い　では、教養書を多読する子に導く方法と、教養書の読み方について述べます。

第3章 短期間で言語能力を引き上げる方法　では、優秀な子どもを育成する読書法の原理と実践方法を見ていきます。

すぐに使える年齢別、タイプ別の読書指導法を各章の末尾に掲載しました。

本書に書かれているのは、未知の秘法の類ではありません。文明発祥以来、今日まで受け継がれ、古今東西の無数の人々が検証してきた実践的な勉強法です。そして現在の教育現場においても大変有用であることは、私がこの目で確かめてきました。

到底実行できないような、妙技に近い困難な読書指導方法は載っていません。紹介しているのは、すぐに始められる読書法ばかりです。私は読書教育専門家として、生徒に直接論文・作文を指導してきました。最高の読書教育法とは実行可能な読書法であることを、誰よりもよくわかっています。

本書では童話や小説など純粋な創作図書を「文学書」、知識の伝達を目的とする図書を「教養書」と分類しています。ストーリー形式であっても知識伝達を主とする図書は教養書に含まれます。本書もまた教養書です。

「第2部 上級編 第2章 教養書への道は案外近い」の中に、「教養書とは鉛筆をもって読む本」というくだりがあります。覚えておきたい箇所、重要な部分には線を引いてください。

準備はいいですか？ さあ、今すぐ鉛筆を持って始めてみましょう。

子どもの頭が良くなる読書法　目次

＊本書に登場する生徒の名前はすべて仮名です。

＊本書に登場する書名については、邦訳のあるものは邦題を掲げ巻末に原題を示し、日本未訳のものは原題を記載しカッコ内に仮邦題を示しました。

第1部
初級編

本に慣れていない子のための、頭が良くなる読書法

本を読まない子、読書習慣はあるのに
成績が上がらない子のための、
確実に基礎を固める方法です。

初級編を始める前に……

自分の年齢に合った文学書を読む。これは最も初歩的な読書法です。この初歩的な読書を一週間に2～3時間ずつ行うだけでも、言語能力はたちまち向上します。

読書の質が高ければ飛躍的な成長が期待でき、普通に読むだけでも、それぞれの年齢に沿った水準の言語能力を身に付けることができます。

問題は、この初歩的な読書すらできない子どもが多いという点です。

第1部
初級編

第1章

小学校の優等生の9割が脱落するのはなぜ？

ハイレベルな教育を施したはずなのに……

小学6年生のビョンホは、すべての面で優れた生徒でした。学校の成績は平均95点以上、スポーツも万能。毎年必ず学級委員に選ばれ、生徒会長まで務めました。塾の勉強もきちんと続けてきたおかげで、英語と算数の基礎も確かです。勉強もスポーツもでき、リーダーシップを兼ね備えた、まさに「自慢の息子」。当然、ご両親もとても期待していました。

「高校は特目高〈特殊目的高等学校。一般的に韓国では、高校は住むエリアの学校を割り当てられるが、有名大学に合格者を多く出す特目高〈科学、芸術、国際、体育など専門的な教育を行う高等学校〉を受験するケースもある〉に進学させたいと思っています。そのためには中学での成績ももちろんですが、校内での受賞も大切ですから……」

私を訪ねてきたのも、特目高進学に必要となる作文コンクールの受賞が目的でした。

私はビョンホから話を聞いてみることにしました。あまり読書は好きではないが、小学校の国語の成績はつねに90点以上。これまでの全科目平均の最低点は5年二学期の88点で、

6年生になって96点に上昇したとのこと。週末以外は毎日塾に通っているそうです。

面談のあと、ビョンホに基礎言語能力評価テストを受けてもらいました。基礎言語能力評価テストとは文章読解力を測定するテストで、修能試験（韓国の大学共通入学試験）の国語問題を小学5年〜中学3年用に作り替えたものです。結果は58点、小学5年のレベルでした。

「言語能力が小学5年？　ビョンホがですか？」

ビョンホの母親は、困惑を隠せない様子でした。うちの子なら当然言語能力も学年平均以上と思っていたのでしょう。実はビョンホの親に限ったことではありません。両親の期待を一身に受ける小学生の中には、自分の年齢の適正値より言語能力の低い子が少なからずいます。

私はビョンホの母親に、中学進学後に成績が落ちるおそれが極めて高いと告げ、その理由として言語能力が適正値以下である点、塾への依存度が高い点を挙げました。

三カ月後、中学生になったビョンホは一学期の中間試験を受けました。平均は72点。英語、数学のみかろうじて80点以上だったものの、他の科目はすべて60〜70点台でした。その後、中学を卒業するまで、とうとうその成績を超えることはありませんでした。あらゆることに秀でていたビョンホが、中学ではずっとごく平凡な生徒のままだったのです。

なぜ中学生になっただけで成績が落ちるのか？

小学校の優等生十人のうち、七、八人がビョンホと同じように成績を落とします。それはまるで、鮭《さけ》の群れが決まった時期に川に戻るのを見るようです。梅雨入りのごとく毎年繰り返される、集団的な現象です。優等生だった小学生のうち、中学に入っても成績を維持できるのは2、3割にすぎません。

ほとんどの親は、うちの子に限ってと思うでしょう。近所の子の誰か、親戚の子の誰かなら、中学に入って成績が落ちるかもしれない。でもうちの子だけはそうならないと信じています。なにしろこれまでトップクラスの成績を収め続け、今も最善の努力をしているのですから。筆記試験の成績を管理し、英語塾でハイレベルの授業を受け、上の学年の学習をし、評判の良い塾を選んで通ってきました。文字どおり万全の準備をしています。そんな子の成績が落ちるなら、いったい誰が良い成績を維持できるのかとさえ思われます。

しかしながら結果は容赦ありません。あらゆる手を尽くしたにもかかわらず、どうしても成績は落ちていきます。

私たちは、勉強のできる子はずっとできると思いがちです。「うちの子は小学4年のとき優等生で6年生の今も優等生だし、中学1年のとき優等生だった隣の子は中3の今も優等生」という場合が多いからです。実際には小学校の優等生は小学校のときだけ優等生、中学校の優等生は中学校のときだけ優等生、というケースが大多数です。そして生徒たちの成績は、いつもその場にとどまるように見えます。たまたま一度くらいテストで失敗しても下落幅はそう大きくありませんし、いずれ元の成績に戻ります。

しかし教育課程全体を通してみると、また話は変わってきます。**子どもたちの成績変化は上の学校へ進学したときにほとんど起こり、一度変わってしまうと元に戻りません。**変わったその成績が、自分の成績となります。

小学校の間ずっと勉強ができた子が、中学進学とともに突然成績を落とす例は数え切れません。高校進学後も同じことが起こります。一方で、急に成績が上がる例が見られるのもこの時期です。

もちろん教育課程すべてを通じて優秀な成績を維持する生徒もいますが、その数はごくわずかです。ほとんどの子がこの二度の時期に大幅に成績の変化を経験します。変化の幅や範囲は案外大きく、毎年見られる現象にもかかわらず、そのたびに呆気にとられてしまうほどです。

中1と高1の二度の変動期を経て、優等生の痕跡は消える

いったいこの二度の時期にどんなことが起こるのでしょう? わかりやすく説明するために、**成績が変化する中学1年を第一次変動期、高校1年を第二次変動期**と呼ぶことにします。

第一次、第二次変動期には成績の急変という共通点がありますが、その変化の様相はやや異なります。まず中学進学とともに現れる第一次変動期の特徴は「小学校の優等生が大挙離脱する現象」といえるでしょう。小学校の優等生のうち7、8割もの生徒が、この時期に平凡な成績になります。80点前半程度でとどまることもありますが、ビョンホのように各科20~30点暴落する子もざらです。さらには60点台まで急落するケースも見られます。

こうしてバタバタと脱落するさなか、ぐんと成績を上げてくる子も出てきます。小学生のときは勉強ができなかったのに、中学に入ると突然平均90点以上になるのです。

勉強のできる子ができなくなり、できなかった子ができるようになるという不思議な現象があちこちで起こります。

第一次変動期が終わると、子どもたちの成績はスッと落ち着きます。たとえば小学校のとき平均95点以上だった子が中学1年で平均70点台に下がったら、その成績が中学校を卒業するまで続くのです。成績が上がった子も、やはり上がった状態をキープします。

第一次変動期の特徴が大勢の下落なら、**高1でやってくる第二次変動期の特徴は「大混乱」です**。大げさに言えば、生徒たちの成績を筒に入れてやみくもに上下に振ったようなことが起こります。三十人あまりの生徒が座る教室の中で、ありとあらゆる変化が飛び出します。小学校から中学校までつねに全校20位以内に入っていた子が急に70〜80位まで下がったかと思えば、全校100位あたりでうろうろしていた生徒が高校進学と同時に一気に20位以内に入ってきたりもします。中学で平均70点台だった子が80点台まで伸びる一方、平均80点台だった子が60点台まで落ち込みます。もちろんそのまま優等生の座を守る生徒、ずっと低い成績のままの生徒もいます。考えうるあらゆる範囲で、子どもたちの成績が揺れ動くのです。

第一次変動期のあとも成績が変わらなければ、第二次変動期を経ても同じ流れを維持する傾向があります。伸びた子はそのまま成績を上げ、落ち込んだ子は落ち続けます。足踏み状態の子は足踏み状態のままです。

小学生の子を持つ親は、今の成績を大学受験への物差しのように考えるでしょう。しかし第一次、第二次変動期を過ぎ、高校2年くらいになると、小学校で優等生だったことの痕跡はどこにも見られません。小学生の時点で優秀であることが入試成功につながるという、いかなる証拠も見つからないのです。これは実際の教育現場で起きています。小学校での素晴らしい成績が中学の成績の土台になり、中学での優秀な成績が高校の成績を支えるという思い込みは、あっさりと裏切られます。子どもたちの成績は第一次、第二次変動期に揺れ動きます。いくつかの例外的なケースを除き、これはほぼ法則に近いといえます。

最大の理由は「読解力不足」

第一次、第二次変動期はなぜ起こるのでしょうか？　上の学校に進学して成績が落ちた生徒たちにその理由を聞くと、返ってくる答えはいつも決まっています。

「勉強することが多すぎます」

「教科書が難しすぎます」

教科書が厚くて難しく、勉強が大変だと子どもたちは訴えます。学年が上がるにつれ難しくなる教科書ですが、中でも中学1年、高校1年の教科書は、とりわけ難しくなったように感じられるようです。

つまり**第一次、第二次変動期は、子どもたちが急に難しくなった教科書の難易度に対処しきれずに生じる現象**ということになります。学校の勉強が「教科書という本を読んで理解する行為」という点を考えれば、ごく自然な現象です。

しかし教科書をよく読んでみると、首をかしげざるをえません。はたしてそんなに難しいのか、という疑問が生じるのです。中1の教科書が小6の教科書より難しいのは事実ですが、その難しさの差は、小2と小3の教科書以上であるとは思えません。小学6年の教科書をきちんと理解して学んだ生徒なら、十分理解できる程度の差です。高1と中3の教科書もまた、中3の教科書を理解した生徒なら問題なく勉強できるほどの差です。にもかかわらず中1や高1の教科書を必要以上に難しがる生徒は多く、その結果起こるのが第一次、第二次変動期です。実際に中学生たちが勉強する様子を横で見ていると、驚くほど教科書を難しがります。どうやら中学生全体のうち7割以上は、中学の教科書を読み解く力が足りないようです。

中1の一学期、最初の試験を終えたジュヒが明るい表情で相談室に入ってきました。一生懸命勉強していたので、テストがうまくいったのでしょう。しかし成績表はやや微妙でした。英語100点、数学96点、国語82点、理科52点、社会64点……平均点は82点です。小学校時代の成績を考えると、喜ぶような点数ではありません。しかし意外にも満足そうな様子です。

「緊張したけど、思ったより難しくありませんでした」

「英語と数学はよくできたね。だけど他の科目はどうしたんだい？」

「英語と数学ばかり勉強していて、そっちはできなかったんです。次は他の科目も頑張ります」

成績が落ちたとは感じていないようです。ジュヒの母親も同じでした。

「とにかく英語と数学がよくできてほっとしました。他の科目は、先生も見てやってください」

中学生になって成績が落ちる生徒は、ビョンホのように全科目の点が下がる子ばかりではありません。ジュヒのように英語と数学だけは上位圏に居続ける子もたくさんいます。こうした子たちは準優等生などといわれ、自分の成績についても楽観的です。英語と数学の重要性がしばしば強調されるためか、他の科目の点数が低くてもあまり深刻に受け止めないのです。両親もまた、英語と数学の基礎がしっかりしているのだから、他の科目はあとでいくらでも追いつけると思っています。

期末試験が始まると、ジュヒは社会と理科の教科書を持って私を訪ねてきました。教科書が理解できないので、質問しながら勉強したいそうです。彼女は最初の単元の1章からつまずいていました。

国家の領域とはその国の主権が及ぶ地理的範囲、すなわち、その国の政策を自国で決定する権利などを行使できる範囲をいう。

国家の領域には領土、領海、領空がある。このうち領土はその国家がおさめる土地であり、国家の領域のうち最も重要な部分である。領土がなければ領海も領空も存在できなくなるためである。領土は埋め立てなどによって広がることもある。

領海とは領土に隣接した海域で、低潮線《ていちょうせん》から十二海里までがその国の領海となる。近年領海は海洋進出の通路であると同時に水産資源や地下資源の宝庫としてその重要性が高まっている。

領空とは領土と領海の上空をいい、その範囲は通常宇宙空間より下に限定される。他国の航空機はその国家の許可なく領空に入ることはできない。

低潮線：潮の干満《かんまん》によって海水の水位が最低となる、干潮《かんちょう》時の海岸線。最低潮位線ともいう。

海　里：航海・航空で用いられる距離の単位。1海里は約1852m。

「中学社会2」より

普通の読解力を持っていれば、このページで引っかかるのは「低潮線」くらいでしょう。しかしそれにも親切な注釈が入っています。この部分を勉強するのにかかる時間は最長でも3分。重要な部分に下線を引き、次に進みます。試験前に下線箇所をしっかり覚えれば試験勉強は完了です。しかし読解力が足りない子は、この短い文章も理解できません。

ジュヒの最初の質問は、「主権ってなんですか？」でした。「その国の政策を自国で決定する権利など」という説明が後ろにあるのに、まったく読めていません。「きみの家には、他の家の人が勝手に入ってこられないだろう？　それと同じように、他の国がこの国の領域に許可なく入れないことだよ」などと長々しく説明した末、やっとうなずきました。

また「主権」だけでなく、「領海」「領空」「海里」も自分一人で理解できません。特に「低潮線」と、「領海は海洋進出の通路であると同時に水産資源や地下資源の宝庫」という表現に苦戦しました。低潮線を理解させるためには、まず「潮の干満」を説明しなければならず、「海水の水位が最低となる、干潮時」がどんな時なのか納得させなければなりません。

ジュヒがこの簡単な内容を把握するのに、なんと30分かかりました。試験範囲は100ページほどあるため、1ページ30分とすると社会の勉強だけで3000分、つまり50時間もかかるという計算になります。一日5時間、社会だけに取り組んでも十日かかってしまいます。それも誰かが横にいて説明しながらです。これではとても勉強になりません。

これはジュヒ一人に限ったことではありません。英語と数学だけ得意な中学生の場合、程度の差はあれ大体みな同様の問題を抱えています。さらには優等生の中にも同じような子がいます。理科や社会、歴史が苦手な生徒が多いため、韓国の中学の中には試験に出る箇所をあらかじめ教える学校もあります。教えられたところさえそのまま完璧に覚えれば90~100点を取ることができるのです。

中学校の優等生の中には、読解力が不足しているにもかかわらずピンポイントで要領よく点を取る生徒が相当数含まれています。しかし、このやり方が通用するのは中学校までです。高校の教科書は、読解力が低いと難しく感じられますから。

中学生になった子どもの成績が落ちるのは異常なことではありません。むしろ教科書を読み解く能力がないのになぜ小学校では優秀でいられたのか、英語と数学はどうしてできるのかが不思議なくらいです。言い換えれば、本当は成績が悪いはずの読解力の低い生徒たちが、これまでは他の理由で成績が良かったのです。結局のところ第一次、第二次変動期の変化はその理由が取り払われ、本来の実力があらわになったにすぎません。

子どもたちの成績は、読解力に見合った所定の位置に定まっていきます。

早期教育や塾の威力は突然パワーを失う

「祖父の財力、父の無関心、母の情報力」

韓国でいわれる優等生の三条件です。つまりは高額で優れた教育（早期教育、塾、家庭教師など）が優秀な子どもを育てる、という意味です。塾や家庭教師などの威力を証明する事例は無数にあります。江南《カンナム》三区（ソウルの河川漢江《ハンガン》より南の瑞草《ソチョ》区、江南区、松坡《ソンパ》区。富裕層が多いといわれるエリア）の名門大学進学率、家庭環境と学力の相関関係に関する研究結果、立身出世の時代は終わったというあきらめムードの社会通念……。なによりも、子どもたち自身の成長が確かな証拠です。

数学塾に通えば50～60点だった数学の成績が80～90点になり、英語塾ではやっとアルファベットを読めた子がフォニックスで話し始めます（ネイティブのような発音。フォニックスとはアルファベットの綴り字と発音との間にあるルールを学び、正しい読み方の学習を容易にさせる方法の一つ）。近所の誰それは評判の補習塾に通ったら全科目の成績が上がった、全校トップのあの子の秘訣は高額の家庭教師……などという噂も耳に入ってきます。塾や家庭教師などの驚くべき効果は、あちこちで直接もしくは間接的に確認され、これにすがらない理由はありません。教育費をかければそのまま成績につながるからです。

早期教育の威力を両親が最初に実感するのは、ハングル教育を始める乳幼児期です。訪問形式で行われるハングル教育はまさに魔法のよう。文字という概念すらない子が、たどたどしく文字を読み始めます。半ば赤ん坊のわが子が店の看板を読み、本の表紙に知っている文字を見つける様子を見ると、親は驚異すら覚えます。「教えればできるようになる」という事実を早速目の当たりにし、実感するのです。そしてもっと習わせたい、という意欲が湧いてきます。余裕のある家庭は高額の英語教室へ、そうでない家庭はフランチャイズの英語塾を探します。今回もまた、目覚ましい効果が上がります。英語など聞いたこともなかった子が英単語を読み、英語の文章を口にし始めるのです。勉強とはパソコンにプログラムをインストールするように子どもにハングル機能や英語機能を追加することだ、と親は考えるようになります。こうなると、早期教育から抜け出すすべはありません。「教えればできるようになり、教えなければできない」という早期教育の構図が、すでに深く植え付けられているからです。

小学校に上がると、全教科をカバーする補習塾や個人経営の塾、数学塾や音楽塾、論文・作文指導塾、さらにテコンドーなどが加わります。投資しただけ効果が表れます。子どもは筆記試験で毎回高得点を取り、同じ年の子よりペラペラ英語を話し、学校の授業よりずっと先の算数を勉強します。教えればわかるという塾の構図は、完璧に現実となります。

しかしご存じのとおり、この構図は中学進学と同時に崩壊します。不思議なことです。中学に入って塾の数を減らしたのではありません。むしろさらに時間を増やし、塾の数も増やしたのです。それなのに全体的な成績は暴落に近いほど落ち込みます。小学生のときに威力を発揮した塾の効果は、突然パワーを失います。

「聞く勉強方法」二つの欠陥

韓国開発研究院（ＫＤＩ）のキム・ヒサム研究員による「왜 사교육보다 자기 주도 학습이 중요한가？（なぜ私教育より自己主導型学習が重要なのか）」という研究レポートも、この事実を裏付けています。塾や家庭教師などを取り入れた教育と成績の相関関係につい

学年が上がるにつれて優等生は減少する

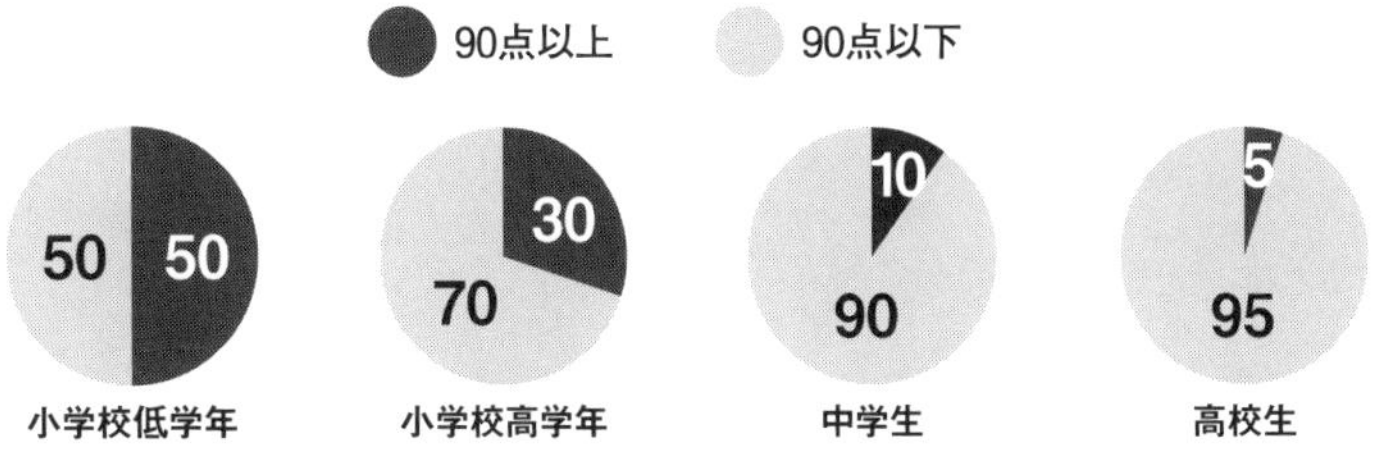

平均90点以上の生徒の割合(%)

出典：韓国開発研究院(KDI)「なぜ私教育より自己主導型学習が重要なのか」

ての研究結果を扱ったこのレポートによると、**塾などの効果は小学校低学年のとき最も高く、学年が上がるにつれて低下し、中学3年になると事実上消滅する**とされています。

なぜ塾の効果は、小学生のときにだけ表れるのでしょうか？「教科の内容を一つ一つ説明してあげるサービス」という塾の本質的な特性を考えると、その答えはおのずと見えてきます。

たとえば学習塾では、読んで理解する必要が明らかに減少します。講師の講義を聞き、問題を解き、間違えた問題について説明を聞き、もう一度問題を解くというやり方のためです。読む勉強ではなく、聞く勉強です。ところが、**聞く勉強方法には二つの根本的な欠陥があります**。

まず、**時間がかかりすぎる**ことです。文章というものは洗練された論理体系を備えているため、読む勉強は必要な知識に向かって直線コースを走っているのと同じです。読解力さえあれば一直線に必要な知識にたどり着いて習得できるのです。

一方、講師の説明はこれと違い、詳細で冗長です。教科書を読み解けば10分で終わる勉強も、説明を聞いていると1時間かかります。聞く勉強は、楽な代わりに長い時間がかかる勉強法なのです。

小学校低学年のときは学ぶべき知識量が少ないため、このような非効率的な側面が大きな支障になりません。学習内容が断片的で単純であるほど説明も簡単です。学習量が少なければ、教科内容を最初から最後まで繰り返し説明する時間的余裕も十分にあります。しかし学年が上がるにつれ、そうすることが難しくなっていきます。教科書が増え、厚くなり、内容が複雑になって、小学校高学年になると全科目のすべてを説明する時間はありません。その結果、小学校低学年のとき優秀だった生徒の相当数が、高学年になって成績が下がります。しかしこれは前兆にすぎません。いちいち説明するというやり方が、中学生になると事実上不可能になるためです。主要科目の教科内容をすべて耳で聞こうとすると週末まで延々と聞き続けなければならないほど時間がかかり、たとえ聞いたとしても小学生のときほどの効果は期待できません。

二つ目の根本的な欠陥は、**「読んで理解する経験」を極端に減らす点**です。多くの塾に通う小学校高学年の子たちは、本を手にしない傾向があります。まず、読書に割く時間がありません。一週間毎日塾に通い、残った時間は遊びに使いますが、その「遊び」に、当然読書は含まれません。塾に通わせる親も、読書が良いとはわかっていても優先順位の上位にはしないのです。塾に押しのけられ、宿題に押しのけられ、スマホに押しのけられ、読書は結局いつも後回しです。こうして読書量が減っていくうえ、勉強すら「聞いて理解する方法」にし続ければ、読解力を訓練する機会はどんどん失われていきます。その結果**子どもたちは、教科書を読み解けない中学生になります**。授業を聞けばなんとなくわかったような気がするのに、教科書を広げると何が何だかさっぱりわからないという、おかしな状態に陥るのです。まさにこれが、小学校の優等生の7、8割が中学生になって成績が落ちる理由です。

子どもの読解力判定法

子どもの読解力を見極めるには、現状を観察するだけでも、ある程度は推測できます。次の9項目のうち4項目以上当てはまる場合は、読解力不足が疑われます。

□国語が嫌い

国語は読解力を推し量る物差しです。国語が嫌いな子は読解力が低い傾向があります。

□他の科目に比べて国語の成績が悪い

ここで大切なのは相対的な点数です。**他の科目の成績は90～100点なのに国語だけ80～90点という子は読解力が低いかもしれません**。そういった子の国語の成績は本人の読解力とともに講師の説明や練習問題を通じて得られた結果だと判断できます。一生懸命勉強したのに80～90点だったのですから。一方、他の科目の成績が60～70点なのに国語だけ80～90点だったという子は読解力が高いと考えられます。学習量が不足した状態で自分の読解力だけで獲得した点数だからです。こういう子たちは少し勉強すれば100点を取れるようになるでしょう。

□毎月読む本は大体二冊以下

ごく少数の例外はありますが、読書量と読解力は密接に結びついています。読書量が少ない子は読解力が低く、多い子は読解力が高いといえます。

□読む速度が速い、または学習漫画ばかり読む

読解力は「読んで理解する」過程で成長します。**さっと目を通すだけでは、どんなに多くの本を読んでも読解力は伸びません。絵が主体の漫画もまた読解力とは無関係です。**

□学習塾への依存度が高い

塾の勉強は「聞いて理解する勉強」です。いくら成績が取れるようになっても、読解力とは無関係です。塾の勉強方法は基本的な読み取り過程すら省略・縮小するため、読解力の成長を妨げます。

□つじつまの合わない質問や発言が多い

同じ年の子より頻繁に、あるいはひどくつじつまの合わないことを言う場合は読解力不足が疑われます。論理的に考える方法を知らないということですから。

□小学校高学年になって成績が80点台に落ちたことがある

いつも95点前後を維持していたのに5、6年生になって急に80点台に落ち、また回復したという経験がある場合は読解力が足りないかもしれません。**小学校高学年の教科書を難しく感じている兆候だからです。**

□パソコンやスマホのゲームに対する執着が強い

過度なゲームやスマホはそれだけで脳に悪影響を与えます。

□日記や読書感想文を書かせると「書くことがない」と言う

文章を読んで理解できない子は、文章を書く力もありません。**いつも3、4行書いて「書くことがない」と言う子は、読解力が低いかもしれません。**読解力の低い子は自分でトピックを探せないことがよくあります。

子どもの
頭が良くなる
読書法
1

中学進学で成績を下げないための、小学校高学年の基本読書法

読書習慣が身に付いていない子に適した方法です。

◎読書量は一週間に一冊

長編の児童文学書（150ページ以上）を一週間に一冊ずつ読みます。一冊以上読んでもかまいませんが、読書量のみに集中すると読書の質が落ちるおそれがあります。**読解力の獲得はどれだけ多くの本を読んだかではなく、どれだけきちんと読んだかにかかっています。**この「きちんと」とは、あらすじをしっかり把握するくらいに読むことです。子どもが目次を見ながらあらすじをすらすら言えるなら、きちんと読んだと判断しましょう。

楽しく、**あらすじをしっかり覚えながら一年間約五十二冊をきちんと読み続けることで、中学に向けての適切な読解力が得られます。**

◎音読の速さで読む

音読より速度を上げずに、あるいはそれよりも遅く読むこと（一冊あたり2時間以上）。読書の質は読む速度に反比例します。速度が速いほど読書の質は落ち、言語能力向上の効果も低下します。適切な速度で読むよう、注意してあげてください。

◎長編の児童文学書を読む

学習漫画のような絵が主体の本は効果を得られません。教養書も選択できますが、読む訓練ができていない間は、教養書を読んでもよく理解できないでしょう。子どもが自分から教養書に熱中しない限り、長編の児童文学書が最も効果的です。

一週間の読書計画

▼初日は本を探す作業です。子どもと一緒に図書館や書店に行って読む本を選びます。

▼二日目は、週に3～5回の読書時間を決め、読み始めます。1回の読書時間は40分以上とします。読書後、読んだ本について子どもに話させます。子どもの説明があいまいなときは質問をして、簡単に対話します。

▼最終日は、読めたことをほめてあげてください。小さなご褒美は読書意欲を高めます。よくできたと判断できたら小遣いをあげたり、お菓子を買ってあげたりしましょう。

第1部
初級編

第2章

言語能力が成績を決める

勉強してこなかった子が国英数すべて100点に

ジュヌが私のクラスに来たのは小学校4年のときでした。学校の成績はいつも50〜60点あたりを行ったり来たり、一学期に1、2回は親が学校に呼び出されるという問題児です。論文・作文指導塾に通うことになったのも、「本でも読めば少しはおとなしくなるかと思って」との理由でした。授業初日から、ジュヌは本を読んできませんでした。読むのをいやがる子はたくさんいましたが、初日から読んでこない子はジュヌが初めてです。

「ジュヌ。この授業は本を読んでこなければだめだ。今日は初日だからしかたないが、次からはちゃんと読んできなさい」

「はい、必ず読んできます」

返事はよかったものの、次の授業でもまたジュヌは本を読んできません。私はジュヌを教室から連れ出し、カウンセリングの先生の横に座って読ませました。読みたがらないジュヌと読ませたい私の、熾烈《しれつ》な戦いの始まりです。ジュヌに本を読ませるため、使える方法はすべて使いました。おだて、怒り、罰則を与え、個別に呼び出して読ませ、授業の図書リストを特別面白い本だけに替え……。何をしても、一カ月で使う四冊のうち、一冊読んでくるかどうかといったところです。いたずら好きの騒々しい子で、講義室の外からでも、今日来ているのかどうかわかるほどでした。もちろん授業中もじっと座っているはずがなく、作文もいつもでたらめで適当です。そのころは私も経験不足だったので、本当に手を焼きました。

そうして一年が経ち、このまま私がジュヌを受け持っていてよいのだろうかと思えてきました。授業の進度を年2回保護者に送るのですが、ジュヌについては「本を読んできません」と知らせるだけです。基礎言語能力評価テストの結果も最低点でした。普通はこうなると、「効果がない」「教え方がなってない」と親が塾をやめさせます。ところがジュヌの母親は「もっと気をつけますから」「あまり悩まないで」と、かえって私を励ましてきます。困り果てました。ジュヌが良くなるとは思えません。このまま三、四年教えても変わらなかったら、私は詐欺師も同然です。

そんなジュヌが、中学進学を前にした休み中に突然変わりました。講義室がしーんとしているので「今日は休みかな?」とドアを開けると、なんと静かに座って本を読んでいます。先週までは机の上を走り回ってふざけていたのに。いたずら盛りの男の子を持つ親御さんは、あまり心配しなくても大丈夫です。騒がしかった子も時期がくれば、ほぼうそのように落ち着きます。普通それは中学2、3年ごろですが、ジュヌは少し早く小学6年生の終わりでした。そしてこれまでなかったことが、彼の人生に訪れ始めます。一週も欠かさず課題の本を読んでくるようになったのです。『きゅうりの王さまやっつけろ』(クリスティーネ・ネストリンガー著、岩波書店)、『ワンドゥギ』(キム・リョリョン著、コリーヌファクトリー)、『豚の死なない日』(ロバート・ニュートン・ペック著、白水社)……。すべて読んできました。これがあのジュヌか、といううれしい驚きに、いったいどうしたのかと本人に聞いてみました。

「前のはつまらなかったけど、最近渡してくれる本は面白いので……」

もちろん、以前も面白い本でした。私は本はまず面白く読めなくては、という主義ですので、子どもが退屈する本はカリキュラムに入れません。あとで気づいたことですが、ジュヌが青少年向けの小説をことさら面白く読める理由は他にありました。それは彼の読解力です。

塾に入ったときのジュヌの読解力は、小学4年生向けの本も読めないほど低いレベルでした。自分の読解力に比べて言語水準の高い本を読まされるのですから、理解もできず、興味も湧かないのは当然です。理解できないのに本を読める子はこの世に存在しません。

本を読むこと、特に文学を読むのが好きか嫌いかは、多くは好みの問題というより能力の問題です。物語がどんなに好きでも、理解できなければいくら頑張っても読書は無理です。一方、物語が嫌いでも読めば理解できるなら、楽しめなくても読むことはできます。まさにこれが、最初の授業からジュヌが本を読めなかった理由であり、小学生の間ずっと読書が苦手だった理由です。**問題児で怠けて本を読んでこなかったというより、理解できる力がなくて読めなかったのです**。

そんな状態からジュヌは私の言いつけでいやいや本を読み、そして一カ月に一冊ずつ何とか読了するようになります。それは3年も続き、その過程で彼は徐々に成長していきました。少しずつ読解力がつき、じっと椅子に座って本が読めるようになっていきます。そのゆっくりとした成長が臨界点を超えたのが小学6年の冬でした。突然ジュヌは落ち着き、よく本を読む生徒になったのです。

中1の終わりごろ、面談をしながら私はジュヌがこれから大きく成績を伸ばすだろうと推測しました。そう思った**第一の点は、見違えるように向上した言語能力です**。中1の一年間で、同年代平均にも達していなかった言語能力はいつのまにか中3の上級レベルまで上がっていました。極めて高いとまでは言えませんが、中学2年の教科書を理解するには文句のないレベルです。

第二の点は目標意識です。定期面談のとき、どんな大学に進学したいか尋ねると、「高麗大学〈韓国屈指の名門校〉の体育教育課に行きたい」という答えがすぐに返ってきました。「そんなのどうってことない」という顔つきです。小学校のとき成績が悪いと自信を失って回復できないと言われますが、必ずしもそうではありません。「子犬は虎の怖さを知らない」という韓国のことわざのとおり、小学校のとき勉強しなかったジュヌはかえって自信満々です。「**今まで成績が悪かったのは勉強しなかったからだ。これからやればできる**」という自負が感じられました。しかも、自分なりの危機感も抱いています。「授業を聞いても何もわからないんです。このままでは普通高校にも入れません。これから必死に勉強します」

第三の点は態度の変化です。勉強するためにはまず机の前にじっと座っていなければなりませんが、ジュヌは小学6年の冬休みを起点に休み時間も静かに座っているようになりました。唯一の危険要素は、やったことがないので勉強のしかたやコツを知らないことです。それでも平均80点まではいくだろうと内心期待しました。

中2の一学期の中間テストでジュヌが取った成績は、平均93点でした。理科だけ65点、他の科目は満点でした。勉強などしたこともなかった子が、国英数すべて100点を取ったのです。

小学校の優等生が秋の落ち葉のようにパラパラ落ちてゆく第一次変動期に、むしろ成績を上げる生徒がいます。ジュヌはそのうちの一人でした。

基礎が弱い子も言語能力で挽回できる

小学校に入学した子どもたちがトラックのスタートラインに並んでいます。ピストルが鳴り、いっせいに走りだしました。トラックの上には線が引かれています。小学1年、2年、3年……。小学4年地点を過ぎたとき、一人の男の子が転んでしまいました。その間に他の子たちはどんどん先に進み、男の子は絶望の表情で先を行く子たちを見送ります。そしてこんなフレーズが流れます。

「4年生。基礎が大切なときです」

以前韓国で流れていた、学習誌のテレビCMのシーンです。小学生から基礎をしっかり固めておかないと後れを取るという、なかば脅迫めいたCMでした。これは韓国社会における、勉強に対する普遍的な見方です。基礎がしっかりしていないと付いていけなくなる。

私はこれを「**勉強基礎理論**」と呼んでいます。

勉強基礎理論とは、低学年のうちにしっかり基礎を固めておかないと高学年の勉強ができなくなるという理論です。足し算や引き算が完璧にできない子は掛け算も割り算も覚えられず、掛け算と割り算があやふやな生徒は因数分解など手も足も出ない。論理的には非の打ち所がありません。基礎工事がしっかりしていなければ、丈夫な家は建てられませんから。

あまりに当然なこの論理が、韓国社会の無数の教育風景を形成しています。その結果として、小学校低学年の子を持つ親の多くが「オール100点」に執着するようになりました。「今オール100点を取っておかないと、高学年になってどんどん成績が落ちるのでは」と不安になるのです。しかし現実は思いどおりになりません。前に述べたように基礎を固めても成績が落ちる子は数知れませんし、反対に基礎などめちゃくちゃでも高学年になって成績が上がるジュヌのような子もたくさんいます。それが可能なのはなぜでしょうか？

言語能力が高く意志さえ強ければ、基礎を習得することが、それほど難しくないためです。**教科の勉強に必要な基礎知識は短時間でいくらでも習得できます。**

算数を例に挙げましょう。小学1年生は一年かけて足し算と引き算を学びます。足し算、引き算という演算の論理を理解し、習得するためにそれだけの時間がかかるということです。小学1年生の平均的な思考力、つまり言語能力がそのくらいの水準だからです。しかし、もしもある高校1年生が何かの理由で数学についての知識だけをすっかり忘れてしまい、また足し算と引き算を覚えることになったとしたらどうでしょう。おそらくこの生徒が足し算と引き算をマスターするには10分もかかりません。高1の言語レベルがあれば、足し算と引き算は非常に簡単な演算だからです。小1なら一年かけて取り組まなければならない教科学習量も、高1の生徒にとっては10分あれば習得できる断片的な知識にすぎません。

さらに、**すべての科目においてこうした基礎が必要となるわけではありません**。小6の理科の知識がなくても中1の理科は学べます。算数・数学以外の科目は、基礎知識が足りなくても教科書さえ忠実に理解すればいくらでも満点が取れます。ジュヌのような子たちがこの事実の証拠です。中学の教科書を解読できる程度の言語能力さえあれば、いくらでも足りない基礎を獲得できるのです。つまり**本当に大切な基礎とは子どもの頭に入れる知識ではなく知識を習得する能力、すなわち文章を読んで理解する言語能力です**。

もともと読書家の子が本気で勉強したら？

「よく本を読んでいますが、読書に時間をかけすぎています。学校の勉強に対してやる気がなく、目的を立てることが苦手です。時々規律に反した行動をします」

スティーブ・ジョブズの小学校の成績表に書かれた評価です。ジョブズは小学3年生まで学校をさぼってばかりいる問題児でした。当然成績も悪く、教科知識の観点から見ればどうしようもない生徒です。

そんなジョブズが変わったのは小学4年生のときです。担任だったヒル先生の理解と思いやりがジョブズの心を動かしました。ヒル先生を喜ばせたい、そう思ったジョブズはたちまち優等生に変身したのです。ジョブズの学習能力に驚いたヒル先生が彼に知能検査を受けさせたところ、なんと高校2年レベルという結果に。小学4年のジョブズは高2の教科書を読み解く言語能力を持っていました。**ジョブズが高い言語能力を獲得できたのは、間違いなく「読書に時間をかけすぎた」ためです。**読書ほど確実に言語能力を高めてくれる方法はありません。

ここで根本的な疑問が浮かぶかもしれません。「一冊も本を読まずに名門大学に合格する子もいるが、それはなぜ?」という疑問です。基礎言語能力評価テストをすると、そういう子は読書の有無にかかわらず百人中百人が高い言語能力を持っています。一冊も本を読んだことがない中2の生徒が修能試験編集版（韓国の大学入試共通試験「修能試験」の全45問中、高校で教わらないと解けない古詩や古典文学、文法問題15問を除いて著者が編集したもの）の国語で80点以上を取ったこともありました。**本を読まないのに言語能力が高い要因は、主に知能よりも気質的な側面です。** **わからないことをそのままにできない知的欲求の強さや、「なぜこうなるの?」と疑問を抱く思考パターンを持っていれば、日常生活や学校の勉強だけで言語能力は自然に成長します。** つまりこういう子は普段からよく考える子、世界のしくみを理解するすべを知る子です。そんな子が本を読まずに名門大学に合格するのは自慢できることではなく、嘆かわしいことです。こういった気質の子は読書の効果も大きく表れます。**素晴らしい人材に成長できる潜在能力が、読書をしなかったことで埋もれてしまっています。**

勉強しているのに成績が上がらないのはなぜ？

それほど勉強している様子もないのに成績の良い子がいます。こういう子たちはよく「勉強脳を持つ」といわれます。私が直接会ったそんな子たちのうち、最も優秀だった子がホンジュです。ホンジュは敬虔なクリスチャンで、高3になっても勉強より教会を優先していました。週末はいつも教会で過ごすのが基本、平日も聖書やキリスト教の書籍を読むことに多くの時間を使います。いつ勉強するのだろうと不思議でしたが、なぜか成績はいつもトップクラスでした。さらに驚いたのは、高3の夏休みに短期の宣教活動をしたことです。他の子はみんな受験勉強に集中する時期に宣教をして回り、その後は楽々と名門大学に合格しました。それほど知られていませんが、こんなケースはしばしばあります。

三当四落（3時間睡眠なら合格、4時間寝たら落ちる）という言葉があるほど多くの子が必死に勉強する一方、別世界の人のように、やることはやって軽々と入試に成功する子がいる。この違いはなぜ生じるのでしょうか？

韓国の高校生はよく勉強する、と思われています。投資する時間という観点から見れば疑う余地のない事実でしょう。一日の大半は勉強に関することに費やされます。学校の授業が終われば塾に直行し、家に帰るのは早くて9時。不屈の意志を持つ子なら夜中の1時ごろまで勉強してやっと眠り、そうでない子はスマホを見たりちょっとゲームをしたりします。ドラマを観たりもするでしょう。少しくらい遊んでも罪悪感は覚えません。なにしろ一日中勉強していたのですから。合間には学校の課題の準備もし、塾の宿題も済ませ、教育チャンネルの講義も聞きました。まさに勉強漬けの日々を送っています。試験期間中は明け方までテストの勉強です。

ところが困ったことに、そうやって人生を勉強に捧げているのにあまり成績は上がりません。そこで出たのが三当四落という言葉です。こんなに勉強しても結果が出ないなら、もっと時間をかけるしかないという結論が出たのです。しかし三当四落とは……ノーベル賞受賞者でさえそれほど勉強してはいません。

重要なのは、実質的にどのくらい勉強しているかです。実際子どもたちは勉強中心の毎日を送っていますが、多くの場合、使われる時間に比べて実質的な学習量はお粗末です。一番の問題は、前述したように主なやり方が聞く勉強である点にあります。ほとんどの時間が学校で、塾で、さらにインターネットで、講義を聞くことで過ぎていきます。

「教育と革新研究所」のイ・ヘジョン所長の著書『서울대에서는 누가 A+를 받는가（ソウル大ではだれがA＋を取るのか）』（日本未訳）には、聞く勉強法がいかに非効率的であるかが紹介されています。特に興味深いのは、ハーバード大のエリック・マズール教授の講義内容のうち、ＭＩＴメディアラボでの実験における研究結果です。ある大学生に交感神経を測定できる装置を付け、交感神経が活性化するときと不活性化するときを調べました。すると**交感神経系が最も不活性となるのは、テレビ視聴時と授業中だった**のです。つまり**この二つの行為を行っているとき、人の脳は睡眠時よりもぼーっとしている状態に陥っています**。この研究結果が確かなら、生徒たちはほぼずっと勉強時間にぼーっとしていることになります。

成績上位の子ほど塾に行かない

もちろん勉強のできる子たちも塾などの助けを借ります。ＥＢＳ放送（韓国教育放送公社）のドキュメンタリー番組「学校とは何か」の制作チームが、これに関連した大規模なアンケート調査を行ったことがあります。塾などの教育を受けたことがあるかという質問に「ある」と答えたのは、成績上位0・1％の生徒では60・8％、そのほかの生徒では71・2％で、10・4％の差が出ました。しかし実際の違いは、表れた数値以外の点です。上位0・1％の子は塾などの教育を受けたことはあっても、持続的に受け続けたわけではありません。弱点を補習するために塾を利用し、目的が達成されたらやめています。一方、それ以外の子はずっと続けるケースがほとんどでした。

上位0・1％の子たちが塾を続けない理由は、非効率的だからです。塾は独自の進度を持つため、知っていることも知らないことも関係なく全員に向けての説明を聞かなければなりません。そのうえ説明だけ聞いても完全に自分の知識にはならず、別に復習も必要です。二重三重に時間が浪費されるのです。

勉強とは結局、一人でしなければ確実に自分のものにはなりません。塾の活用パターンからもわかるように、**勉強のできる子たちは自分で勉強し、足りない部分だけを塾で補います。**一方、勉強のできない子は塾で勉強し、自分で勉強するのはせいぜい宿題くらいです。進んで復習することはまずないため、実質的な学習量は微々たるものです。途方もない時間とお金を投資して勉強疲れまで感じながら、実際には大してやっていないという奇妙な状態に陥っています。

だからといって、今すぐすべての塾をやめ、一人で勉強を始めたら成績は上がるでしょうか？　そうはならない可能性が濃厚です。長期間、塾の教育を受けてきた子は、一人で勉強する力が顕著に落ちているからです。塾への依存度が高い子どもたちが休日に自習する様子を横で見ているると、落ち着きのないことこの上ありません。1時間も座っていられず、「トイレに行く」「水を飲む」と言ってはすぐに席を立ちます。昼食を食べに出れば1、2時間は帰ってきません。静かに勉強しているようだとのぞき込めば、机につっぷして眠っています。こんなことでは一日12時間机の前に座らせたとしても、実際にはほとんど勉強にならないでしょう。

こうした子は、よく意志が弱い、やる気がないなどと言われます。しかし実情は意志ややる気の問題ではありません。**彼らが集中できないのは、教科書や参考書が難しくて理解できないからなのです**。ぐんぐん先に進めれば勉強は面白いし集中もできますが、読んでもわからなければじっと座っているのも大変です。こうなると、また塾に通い始めるしかありません。少なくとも塾で説明を聞いているときは何を言っているのかわかるように思えるし、懸命に勉強しているような気がして安心です。学習量の次元では、極めて非効率的ですが。

「勉強脳」が育つかどうかは読書歴で決まる

ホンジュのような場合、構図は正反対です。優れた言語能力を基盤に、勉強するときは一人でしっかり勉強します。科学のある単元を勉強すれば、頭の中にその単元の知識が完璧に整理された状態で保存されます。一つの単元を覚えるのにそれほど時間がかからないため、短時間で多くの量が学べるのです。勉強が面白く、勉強時間は短くても高成績が取れるので自信にもつながります。そのため自分がやりたいことに目を向け、意欲も出てきます。やればできるという信念があるからです。そして実際にもやりとげます。

優れた言語能力の背後には、間違いなく読書があります。ホンジュは幼いころから聖書に親しんできました。聖書は解読が難しい書物です。文体が古めかしいうえ見慣れない単語も多く、時代背景も現在とは異なります。また一度読むだけでは正確な意味を把握し難《がた》く、読んでは考え、また読んでは考えなければなりません。ホンジュはこの難しい本を何十回も読了し、対話の中で自在に聖句を引用できるほど記憶していました。無神論者の私と意義深い討論ができるほど、教理への理解も深いことは言うまでもありません。聖書から始まったホンジュの読書歴は、宗教書を経て文学へと広がりました。他の子たちが塾で講義を聞いている間、ホンジュは独自の読書歴を重ね、その結果、他の子よりはるかに秀でた言語能力を持つに至ったのです。

聖書や宗教書、厚く難解な世界の名作を読んで理解できる子にとって、中学の教科書は一度読めば簡単に理解できるやさしい本にすぎません。このくらいのレベルになると、もはや勉強は悩みの範囲外です。グローバルリーダーとして知られるビル・ゲイツとスティーブ・ジョブズは同じ年齢でしたが、彼らは受験勉強をすべき高3のころには事業を始めていました。ビル・ゲイツはポール・アレンと「トラフォデータ」というソフトウエア開発の会社を立ち上げ、スティーブ・ジョブズは同郷のスティーブ・ウォズニアックと一緒に、電話回線をハッキングして市外通話を無料にできる「ブルーボックス」という不法機器を作って売っていました。

勉強脳が育つかどうかは、その子が経験してきた読書歴によって決まります。ホンジュは他の子よりはるかに多く、また深く本を読み、ちょうどその量と質の違いだけ、他の子より優れた勉強脳を持っていました。ビル・ゲイツやスティーブ・ジョブズはホンジュよりさらに多くの本を読み、その量と質の違いだけ、優れた勉強脳の持ち主でした。成功を収めた名士の多くが読書の重要性を強調しています。
勉強ができるようになるために、読書は最も確実な方法です。

読書と言語能力の科学的相互作用

読書による勉強脳育成は、目に見えない観念的な変化ではありません。**コンピューターの部品をアップグレードするように、子どもの脳が構造的・物理的にまったく異なる脳に変化する**のです。

人間の脳は一千億個の神経細胞（ニューロン）によって構成され、この一千億個の神経細胞はシナプスという接合部で接続されています。この接合部がどれだけ稠密《ちゅうみつ》で、円滑につながっているかがその人の知識、精神的能力を決定します。面白いのは、**人が脳をどう使うかによってこの接続方式が変わる**という点です。脳科学ではこれを「**脳の神経《しんけい》可塑《かそ》性《せい》**」と呼んでいます。

脳が活発に使われればシナプスの接続方式が改善・強化され、使われないと接続が退化

したり断絶したりします。たとえばある子どもが算数の宿題をたくさん解けば、問題を解くとき使われるシナプスの接続が稠密になり、さらには自動化します。足し算と引き算の加減計算を習い始めてしばらく苦労するのは、関連シナプスの接続がまだ完成していないためです。一度足し算と引き算をマスターすれば、数字が変わっても簡単に問題を解くことができます。関連システムの接続が完成し、脳の中に足し算と引き算という通路ができたためです。この状態で繰り返し問題を解くと、加減計算の問題を見るや否や条件反射的に、瞬時に解けるようになるのです。

逆の現象も起こります。**流暢に英語を話していた人が十年以上英語を使わずにいると、関連シナプスの接続が切断され、以前のように話せなくなります**。シナプスの接続がつながったり切れたりするのは特定の知識領域に限りません。思考力、言語能力においても同様のことが生じます。

2014年に、OECDが加盟22カ国の国民十五万人を対象に機能的非識字率の調査を行いました。**機能的非識字とは、文字そのものを読むことはできても、文章の意味や内容が理解できない状態**です。そして**韓国の中高年層の機能的非識字率が22カ国中3位**という、衝撃的な調査結果が出ました。中高年層の相当数が、電気製品の取扱説明書や薬の飲み方といった簡単な文章すら理解できないということです。韓国の中高年層の言語能力がこのように低いのは、世界最低水準の読書率と深く関連しています。普段長く難しい文章を読む訓練をほとんどしないため、文章を読んで理解するシナプス接続がすっかり消滅してしまっているのです。

読書は脳を活性化する活動

言葉は誰かに教えられなくても自然に習得できます。人間の脳には言語処理を担当する専門領域、ウェルニッケ野とブローカ野があるためです。言葉は遺伝子の中にプログラミングされた生まれつきの能力ですが、一方、文字を読む能力は生まれつきではなく、わざわざ習わないと身に付きません。当然のことです。現生人類が登場したのはおよそ二十万年前といわれていますが、文字が作られたのはたった六千年前のことだからです。

人間の脳には読み取りを司る特別な領域がないため、文字を読むには脳の複数の部位がサッカーのようにチームプレーを展開しなければなりません。後頭葉は目から得た視覚情報を側頭葉にパスします。側頭葉は視覚情報をすばやく表音解読します。「人」という文字をヒトと読み、「指」という文字をユビと読むといった具合です。側頭葉から解読した文字を渡された前頭葉は、その文字の意味を推測します。「人」という字と現実の人をつなげ、「指」という字と実物の指を連結させるのです。次にこうして解読した単語同士をつなげます。ここでやっと「その人の指は、なぜかひどい傷を負っていた」という文章が理解できるようになります。その後、感情に関与する辺縁系《へんえんけい》から「痛そう」「かわいそう」といった感情が生み出されます。

このように、一つの文を解釈するためには脳のあらゆる部分を総動員しなければなりません。本好きな子であればこれで終わらず、「なぜ傷を負ったのだろう」「何があったのか？」「男だろうか、女だろうか」といった疑問も浮かぶでしょう。こうした疑問は、深く確実な文章理解への助けとなります。

本を読むとき脳が全方位的に活性化することは、すでに多くの研究によって確認されています。東北大学加齢医学研究所の川島隆太教授の研究もその一つです。**ＭＲＩを使って脳の活動を撮影したところ、読書時の脳は、他の活動時とは比べものにならないほど活発に働きました。**

使えば使うほど頭は良くなります。読書は脳を活性化する活動です。読書こそが脳をアップグレードするための最も簡単で確実な方法なのです。

言語能力を引き上げる最も確実な方法は読書

小学6年生になったばかりの二人の生徒がいるとします。一人は本をたくさん読んできた子で、もう一人は本を読まない子です。二人に脳の活動を測定する機器を装着し、小6の社会の教科書を読ませた場合、二人の脳の活動にはどのような差が出るでしょうか？

認知神経学や子どもの発達を研究するタフツ大学のメアリアン・ウルフ教授は著書『プルーストとイカ―読書は脳をどのように変えるのか？』（インターシフト）の中で、本に慣れていない人と流暢に読解する人の違いを説明しています。彼女の研究結果によると、本を読んでいる間、本に慣れていない人の脳は脳全体が活発に活動します。一方、流暢に読解する人の脳は脳の一部だけが活発化します。これは小6の本に慣れていない子が社会の教科書を理解するためには脳をフル稼働させ、対して本をたくさん読んできた子は脳を少しだけ使えばよいことを意味しています。

前述したように、関連したシナプスの接続は特定の知的活動を繰り返すことによって自動化されます。読むことも同じです。本に慣れていない子は文を読んで理解する過程に慣れていないため単語の意味を把握し理解することに全力を注がねばなりません。一文を理解するために右脳と左脳の両方を活用する必要があるのです。**ウルフ教授はこれを「背側《はいそく》経路《けいろ》を使う」と表現しています。**

一方、**本を読んできた子は読書過程のうち相当部分が自動化されています。**文字の形を確認し、意味をつなげ、そうして把握した語彙を組み合わせて文章の意味を理解する複雑な過程が、まっすぐ伸びた高速道路のように一つのセットとして簡潔に構造化されているのです。そのため**本をたくさん読んできた子は左脳だけで本を読む効率的な方法を用いますが、これをウルフ教授は「腹側経路《ふくそくけいろ》を使う」と呼んでいます。**

勉強を料理にたとえると、背側経路を使う、本に慣れていない子は自炊を始めたばかりの大学生です。この大学生が料理をするとなると、まずインターネットでレシピを検索し、必要な食材を調べ、スーパーに行って食材を買ってきて、やっと慣れない手つきで取り掛かります。一方、腹側経路を使う、本を読んできた子は有能なスタッフをそろえた高級レストランのシェフです。必要な食材はすでに冷蔵庫に用意され、レシピはきっちり頭に入っています。一度料理が始まれば下ごしらえはスタッフがてきぱきとこなし、シェフは作業に集中できます。短い時間でそれほど努力せず、素晴らしい料理を完成させます。

自炊初心者とレストランのシェフが料理コンテストに出たら、どちらが勝つでしょうか？　ふたを開けなくても結果は明らかです。

第一次、第二次変動期をどう通過するかが、子どもの成績を決定づけます。この運命を決めるのは学習の基礎ではなく言語能力です。言語能力を引き上げる最も確実な方法は本を読むことです。本を読む理由がもっと必要ですか？　答えは本の中にあります。

そもそも言語能力とは？

辞書的に「言語能力」とは、「単語や文を正しく理解し、言語を利用して情報や自らの考えを正確に表現できる能力」という意味です。言語は学問を遂行するための最も重要なツールです。言語を介して知識を理解し、言語を用いて知っている知識を説明できるからです。**学習能力とは複雑なロジックの文を理解できる「読解力」と、知識を利用して立体的に考えられる「思考力」を合わせた概念**で、本書での言語能力はそのまま学習能力を意味しています。

◎言語能力（学習能力）＝読解力＋思考力

読解力とは？

文章を読んで意味を理解する能力を指し、勉強脳を作る核心ともいえます。学年別の教科書は各年齢に合わせた言語レベルで書かれていますが、その年齢のレベルより読解力が高いほど優れた学習能力を持ち、低いほど学習能力も劣っています。

思考力とは?

人間は言語を使って考えます。言語レベルが複雑で鋭いほど思考力は高く、単純で鈍いほど思考力は低くなります。**言語能力が高ければより論理的で正確な思考ができ、理にかなっているかどうかを判断できます。**

「言語能力が高い」とは、使用環境(教科書のレベル)に比べ、コンピューターのスペックが高いことと同じで、情報処理速度が速く正確です。一方「言語能力が低い」とは、使用環境に比べてコンピューターのスペックが低く、情報処理速度が遅く不正確ということです。

子どもの頭が良くなる読書法 ②

年齢相応の言語能力をつける、中学生の基本読書法

とくに、読書習慣のない子に適した方法です。

◎読書量は二週間に一冊

青少年向け小説を二週間に一冊（250ページ以上）、年間二十六冊読ませます。本に慣れていない子どもにこれより多くを求めると、読書が嫌いになるおそれがあります。

◎音読の速さで読む

音読する速度と同じ、あるいはそれより遅く（一冊あたり4時間以上）読みます。重要なのは読書の質です。ゆっくり、よく考えながら読むほど言語能力も向上します。

二週間の読書計画

▼初日は、図書館や書店に行き、読む本を子どもに一冊選ばせます。青少年向けの小説は長編童話に比べ言語レベルが高いため、**軽い内容で楽しく読める本を探すことがなによりも大切です。**

▼読書時間は子どもと相談して決めます。もしも子どもが自分で決めたいと言ったら、特に時間は定めません。前半を読ませ、本のテーマについて子どもと話し合います。気になる点を質問しましょう。

▼二週目は、後半を最後まで読ませ、また話し合います。

全体のあらすじを説明できるように読みながら二、三年間続ければ、高校2年レベルの言語能力がつきます。学校の国語テストで良い点数が取れ、社会や理科の教科書も一人で読んで理解できるようになります。

第1部
初級編

第3章

文学作品を読んで成績が上がるわけ

ポイントは「知識」ではなく「面白さ」

子どもの成績は、いつでも急降下の危険をはらんでいます。言語能力が低ければ、滝つぼに向かって落下する小船と変わりありません。今どんなによくできても、時が来れば落ちていきます。このリスクを回避するために、最も確実な方法は読書で言語能力を高めることです。しかしこれはそう簡単ではありません。今まで本と無縁に生きてきた子に、急に毎日読ませるのは至難の業です。すでに中学生や高校生になっていればなおのこと。スキーをはいたこともない人がいきなり滑降コースに挑戦したらけがをします。欲は出さず、一つ一つ段階を踏んでいく気持ちが必要です。

最初の目標は、本との壁を取り払うことです。本が「退屈で、難しく、つまらない」という印象を払拭し、抵抗なく読ませなければなりません。**子どもが自分から「あれ、案外面白いな」と感じることが重要です。**これは絶対事項です。読書の面白さを感じられなければ、子どもは机の前に座ることはあっても本は読みません。**読書へと導くポイントは「知**

識」ではなく「面白さ」です。童話や小説といった文学作品は、この目標をいち早く達成してくれます。

読書を体に良い薬とするなら、文学作品は甘い味のついた飲みやすいカプセルです。読書の訓練ができていない子どもは文を読むのに苦痛を感じます。本に慣れていない子は本を読むとき脳をフル稼働させなくてはなりません。言い換えれば本を読むとき「つらい」と感じるのです。ですが、**面白い文学作品はその「つらさ」をわくわくするお話の魔法で帳消しにしてくれます**。くれぐれも「ストーリー形式で読む理科」「ストーリー形式で読む社会」といった**教科書連携の本は与えないでください**。なにもかも台無しになるおそれがあります。純粋な文学作品でなければいけません。繰り返しますが、第一目標は子どもに本を「面白い」と感じさせることです。

文学書ほど威力のある本はない

「先生、文学書なんて、勉強にどう役立つんですか？」

保護者の方がよくされる質問です。そのたびに私はこう聞き返したくなります。

「では、教養書は勉強にどう役立つんですか？」

教養書が悪いわけではありません。教養書はとても読書効果の高い書物です。問題は本を読んでこなかった子には、教養書を読む能力がないことです。読んでも理解できず、20分足らずでギブアップとなります。たとえ超人的な忍耐力で最後まで読んだとしても、内容は理解できないので事情は同じです。文を読んで理解するのではなく字だけを追うことになり、それでは当然読書効果はありません。重要なのは本を読んで理解する行為そのものです。

文学は勉強とは直接関係ないと考えがちです。人間性や感性、礼節などには影響するかもしれないが、勉強には関係ない。そう思う人は多いでしょう。そのため子どもが童話や小説を読んでいると、なぜそんなくだらないものを読むのかと取り上げてしまう親御さんもいます。もちろん文学書は知識を伝えるものではありません。しかしいざ授業をしてみると、文学書ほど威力のある本はないのです。読めばぐんぐん言語能力が向上します。六カ月きちんと読めば成績表に変化が表れます。

内容を吟味しながら丁寧に楽しく読む

初めて会ったとき、スミンは中学3年生になったばかりでした。英語と数学は90点台、あとの科目は60～70点台という中～上位圏の生徒です。ほどんどの子と同じように、本はあまり読んだことがありません。簡単なカウンセリングのあと言語能力評価のテスト用紙を渡し、いくつかの原則を伝えました。

「時間制限はないので、全力を尽くして最後まで解くこと。あらかじめ言っておくけど、解いていくうちに頭が痛くなってくる。楽なテストじゃない。あきらめずに最後まで解くことが一番大切なんだ」

スミンに渡したテストは２０１４年度の修能試験国語問題の編集版でした。前にも述べた韓国の大学入試共通試験である修能試験の全45問中、高校で教わらないと解けない問題15問を除いて編集したものです。初めて塾に来た中学生の言語能力を知るために主に使っているテストです。中学生に大学入試の修能試験の国語テストをさせる理由はいくつかあります。

まず**修能試験の国語問題が、卓越した言語能力評価ツール**だからです。多様な形式の問題文が出題されます。国語の試験でありながら問題文は文学関連ばかりではなく、対話、プレスリリース、小説、詩、説明文、論文などあらゆる種類の文章が出され、分野も科学技術、歴史、政治、哲学など多岐にわたっています。このように多様な形式、多様な分野の問題文に加え、最高の専門家が作成する信頼に足る問題が付いています。さらにこの問題文は高校教科書から出題されるのではなく、「高校3年ならこのレベルの文章は解読できなければならない」と判断される文章を無作為に抜粋したものです。高校生にも中学生にも初めて見る問題文なので、同じ条件のもと、高3を基準にした言語能力を見極めることができるのです。私としても7年近く修能試験の国語問題を利用してきたため、その生徒の言語能力が同年代の平均に比べてどの程度か判断できるというメリットがあります。

中3の平均が40~45点のところ、スミンの点数は42点。かかった時間は約1時間半でした。上出来とは言えませんが、青少年向け小説を理解するのに大きな問題はない点数です。すぐに授業を始めました。

読書方法はシンプルです。**一週目に一冊の本の前半を、二週目に後半を読んできます**。二週間に一冊としたのは、生徒たちの平均的な読書力のためです。授業で使う本は、細かくきちんと読むと3～5時間かかります。一週間に3～5時間の読書は決して長くはありませんが、多くの生徒がそれすらできません。本を読む訓練ができていないうえ、塾などのスケジュールが詰まっているからです。実際一週間に一冊のペースで進めてみたところ、ほとんどの生徒が最後まで読み通せませんでした。本を読了できなければ授業は意味をなしません。そこでやむなく**二週間に一冊サイクル、一週間2、3時間で読めるよう読書量**を調整しました。

たかだか週に2、3時間の読書にどんな効果があるのかと思われるかもしれません。しかし結果は出ます。この時間を投資するだけで驚くべき効果を得られるのです。授業開始から十カ月後、スミンの修能試験国語問題編集版の点数がどれだけ上がったか見ていきます。

スミンが十カ月間に読んだのは二十数冊。読書を始めて三カ月後の評価では60点（18点アップ）、十カ月後には82点（22点アップ）を記録しました。十カ月前からなんと40点上がったのです。正直な話、私も驚きました。本の流れを完全に把握できるくらい精読すると六カ月平均5～10点ほど上がることが多いのですが、スミンはその2倍もの上昇です。読書の効果が顕著に表れています。

精読すれば修能試験国語問題編集版の点数を半年ごとに5～10点上げる読書、スミンの場合は20点上げた読書。そんな読書を牽引したのは、実は少しも堅い本や難しい本ではありません。スミンが読んだ本のうち、教養書は一冊もありませんでした。キム・リョリョンの『ワンドゥギ』（コリーヌファクトリー）、ミヒャエル・エンデ『はてしない物語』（岩波書店）、ルイス・サッカーの『穴』（講談社）……。誰もが面白く読める、青少年向けの小説です。

こうした本を、速読せず内容を吟味しながら、丁寧に楽しく読めばよいのです。すると一年で驚くほど言語能力が上がります。長く読書を続けてきた中3の生徒の中には、除外した15問を含めた原本の試験で80～85点を取る子も珍しくありません。中学3年で高3の言語能力を持つということです。高校教科を習っていないという不利な点を考慮すると、事実上満点に近い点を取ったといえるでしょう。

言語能力が上がるにつれ、学校の成績にも変化が見られるようになります。スミンの場合60～70点だった国語、社会、理科の点数が、二学期にはみな90点台になりました。成績が上がると、子どもたちは喜びながらも、わけがわからず当惑します。前より必死に勉強したわけでもないのに成績が上がったからです。自分が読んだ小説が成績に影響したということが、すぐには信じられません。ただ楽しく読んだだけなのですから。こんなに手軽に、いつのまにか学習能力がついたことが不思議でしかたないのでしょう。

この結果は、ある重要な事実を語っています。**きちんと本を読みさえすれば、言語能力を上げるのは意外に簡単**だということです。中学3年レベルから高校3年レベルまで上げるのに十カ月。それも一週間に2、3時間、二週間に一冊本を読むだけです。これだけで第二次変動期の成績急落を止められ、本人の決意さえあればいくらでも成績を上げることもできます。

一週間に2、3時間、二週間に一冊ずつの読書。これくらいなら、やってみようと思いませんか?

児童文学書で国語の成績が上がる理由

国語は不思議な科目です。必死に勉強したからといってすぐに成績が上がるわけでもなく、勉強しなくてもガクッと落ちたりもしません。国語のせいで苦しむ生徒がいるかと思えば、つねに楽々と満点を取る生徒もいます。

国語は基本的に知識を教える科目ではありません。教科書に載った知識を覚えればよい他の科目とは異なり、国語は文章を読んで解釈する力が求められます。知識を問う科目は出題範囲から出題できる問題の数が限られているため、よく勉強すれば100点が取れます。しかし国語は問題文一つからいくらでも問題を作れます。知識ではなく解釈能力を問うからです。**国語はどんなに勉強しても基本的な言語能力が高くなければ100点は取れない科目**なのです。

韓国の国語試験問題の最大の特徴は「最も距離が遠いのは?」「最も適切なのは?」といったように、「最も」という修飾語がしばしば使われるという点です。数学や英語、社会、

理科といった科目はぴったり当てはまる事実を問うため、こんな表現はあまり登場しません。「1＋1の答えとして最も近いのは？」「次のうち火山帯の説明として最も適切なのは？」とは問わないでしょう。しかし国語ではぴったり当てはまる事実を問うことはほとんどありません。国語の問題はしばしば2、3種の答えを持っています。たとえば「このあとのAの行動として最も考えられるのは？」という問題の選択肢が五つあったとして、2、3種の「考えられる行動」があります。ポイントは、この**考えられる行動のうち「どれが一番ありそうか」を判別すること**です。この**判別をするには高度な共感力と推論力が必要**ですが、文学作品の読書はこれらの力を引き上げる最高の方法です。ジェームズ・プレラー『방관자（傍観者）』（日本未訳）の導入部を見ながらこの原理を簡単に説明します。

エリック・ヘイスがはじめてデビッド・ハレンバックを見たとき、彼は走っていた。走るといってもまともに走ってはおらず、短い足でよろけながらふらついていたといったほうがよい。そんなふうにふらつきながら走ってきて、おびえた様子で振り返ったとき、足がねじれて前に倒れそうになった。しばらく息を整えるとデビッドは再び走り始めた。

デビッドはある場所に向かって走っているのではなく、ある場所から抜け出そうとしているところだった。正確に言えば逃げていた。

ごらんのように『방관자（傍観者）』の導入部は「状況」です。デビッド・ハレンバックが逃げていて、エリック・ヘイスがそれを眺めています。しかし子どもの頭の中にはそれ以上の考えや感情が瞬間的に湧き上がります。「エリック・ヘイスが」という冒頭を読んだ瞬間、子どもはエリック・ヘイスの視線でこの状況を眺めるようになります。変則的な形の作品でない限り、おそらく物語が終わるまでエリックの視線で話に沿っていくことになるでしょう。物語の始まりとともに登場したエリックは主人公か、少なくとも事件の主要な観察者である可能性が高いからです。

思考と感情が揺さぶられる

子どもがエリック・ヘイスの視線を通して最初に眺める対象はデビッド・ハレンバックです。彼は走っています。子どもは走るデビッドの心情を察します。「怖がってる！」「必死に逃げてるんだ！」と子どもの気持ちがデビッドの恐怖心と緊迫感に共鳴します。デビッドの恐怖心に深く共鳴すればするほど、本を読む子どもの緊張感も高まります。当然、ストーリーもさらに面白く感じるでしょう。注意したい点は、この短い文章の中で感情を表現しているのが「おびえた様子」という箇所のみだということです。子どもは直接的な表現ではなく、状況を通じて登場人物の感情を察します。一種の「情緒推論」が起こるのです。状況を介して情緒を伝えるのは物語の基本の一つです。

続いて様々な考えが交錯します。「誰かがデビッドを追っているんだな。いったい誰だろう？」という疑問が浮かび、「こんなに急いで逃げているのだから、追跡者はすぐそこにいる」という考えがよぎり、「彼らが危険な存在なら、エリックにも危険が及ぶのでは？何か起こりそうだ」と不安感も覚えます。もちろん本を読んでこなかった子がこんな考えをはっきりと言語化するわけではありません。小説の活字を一つ一つ追いながら、知らぬ間に「思考と感情のかたまり」としてこんなことを感じるだけです。質問が投げかけられて初めて、自分が抱いた思考と感情のかたまりを具体的な言葉で思い浮かべます。

【問題】次のうち、この場面のあとに起こることとして、最も適切なのはどれですか。

①エリック・ヘイスはバスケットボールを続けた。
②エリック・ヘイスは家に帰った。
③デビッド・ハレンバックがエリック・ヘイスに「水をくれ」と言った。

④デビッド・ハレンバックが去ったあと、子どもたちの一群が現れ、エリック・ヘイスに「デビッドを見たか」と聞いた。

②、③、④はいずれもありそうです。デビッドを見て不安になったエリックは家に帰ったかもしれず、息を切らして走ったデビッドは水をくれと言ったかもしれません。しかし中でも一番ありそうなのは④です。デビッドはおびえた様子で逃げていました。水をくれと頼む余裕はなかったでしょう。また必死に逃げていたということは、恐怖の対象がすぐ後ろから追ってくる可能性を示しています。デビッドが去ったら続けて追跡者が現れるはずなので、エリックが家に帰る時間的余裕はないと推論できます。また、この程度のことで逃げ出すほどエリックが臆病者だという手がかりもありません。

共感力と推論力が伸びる

文学書を読むときに生じる「思考と感情のかたまり」は、子どもの共感力と推論力を向上させます。

「思考と感情のかたまり」のありようは、子どもによって差があります。このかたまりが

大きく厚い子もいれば、小さく薄い子もいます。たとえば『방관자（傍観者）』の導入部を読んで緊張感や不安感、好奇心を抱く子がいる半面、「逃げているんだな」とあっさり受け止めるだけの子もいるのです。本を読んでこなかった子より本好きな子が、速読する子より精読する子が、いやいや読む子より楽しく読む子が、大きく厚い「思考と感情のかたまり」を作り出します。そしてこの大きさと厚みの差が、読書効果の差を決定づけます。中3のスミンの言語能力評価点数が大幅に上がったのも、この「思考と感情のかたまり」が、他の本を読んでいない子に比べて大きく厚かったからです。つまり同じ分量の本を読む間、より多くのことを感じ、考えていたのです。

スミンのような子たちは「この話はこれからエリックとデビッド、そしてデビッドを追う存在との間に起こる事件が語られるのだろう」と予測することができます。「エリック・ヘイスがはじめてデビッド・ハレンバックを見たとき」という出だしが、その後デビッドと再会することを示唆しているからです。エリックがまたデビッドに会うのなら、当然デビッドを苦しめる存在とも会うことになるでしょう。本を読んできた子なら、ここでもう一歩踏み込みます。この本のタイトルは『방관자（傍観者）』です。そして導入部でエリックは息を切らして逃げてゆくデビッドを離れた所から観察しています。傍観者のように。これらの手がかりから、タイトルの「傍観者」がエリックである可能性が濃厚だと気づき

文学書の読書量と成績の関係

（科目別平均点数　韓国の高校３学年4,000人から毎年追跡調査）

区分	国語		数理		外国語	
	学生数	平均	学生数	平均	学生数	平均
０冊	240人	83.08点	214人	90.21点	242人	86.10点
１～５冊	998人	90.25点	893人	92.88点	1,000人	90.11点
６～10冊	381人	95.43点	338人	92.95点	381人	93.09点
11冊以上	566人	102.53点	508人	98.84点	568人	98.83点

出典：「文学書籍読書量と修能成績（韓国の大学入試共通試験の成績）」
2015年11月26日韓国職業能力開発院、〈パネル調査概要：読書・新聞と学業成就度、就業〉

ます。

さらにもう一歩踏み込むかもしれません。物語の背後に隠された、作者の意図まで考えるのです。「作者はどうして主人公エリックを傍観者に設定したのか？」という問いを投げかけ、「作者は読者を傍観者の位置に立たせている。なぜなら読者はエリックの立場から事件を眺めることになるから。作者はこの本を読む読者自身も傍観者になりうると言いたいのではないか？」というように、次々と考えが続きます。「思考と感情のかたまり」が、本を読んでこなかった子とは比較にならないほど大きく厚くなります。

もちろん、本に慣れていない子に最初からこれほどの読み込みを求めるのは無理です。初めはただ面白く読むことに集中しましょう。面白くじっくり読むだけでも感情や状況、内容について基礎的な推論はできます。それだけでも言語能力が飛躍的に向上し、その経験が積み重なれば共感力と推論力が伸び続けて読書レベルも上がります。文学書が好きで、楽しく読む子の国語の成績が良いのは、まさにこの原理のためです。

なぜ理科や社会も得意になるのか？

文学書が国語の成績を上げるのは、ある意味で自然なことです。国語の教科書に童話や小説が載っていることからも、文学書と国語教科が直結していることは明らかです。しかし文学作品の読書が他の教科、つまり**理科や社会、さらには数学の成績まで伸ばす**と聞くと、「なぜ文学書が？」と思われる方は多いでしょう。

理科系や社会科系科目の試験勉強は「教科書を読む→ノート整理→暗記」の流れで行われます。内容を理解し（教科書を読む）、自分のやり方でまとめ（ノート整理）、完全に頭に入れる（暗記）。この過程を完璧に行えば、どんなに難しい問題が出ても満点が取れます。

教科書を読むときには、難しかったり意味を正確に理解できない単語も含め、重要な文や単語に線を引いたりマークを付けたりします。こうして一度読むことで、頭の中に家が一軒建たなければなりません。つまり一つの知識体系の確立です。たとえば中学社会の教科書から「エネルギー資源の種類と問題点」という小単元のページを読んだとすると、

エネルギー資源とはエネルギーを得られる資源である↓エネルギー資源には石油、石炭、天然ガス、原子力、新・再生エネルギーなどがあり、それぞれの特徴がある↓中でも石油、石炭、天然ガスは枯渇するおそれがあり、環境を破壊するという問題点もある↓この問題を解決するにはエネルギー資源の使用量を削減する一方、エネルギー技術を発展させ、新・再生エネルギーを開発する必要がある

という知識体系が頭の中に整理されなければなりません。文学書を読んできた子なら、自然にそれが行われます。教科書を読めば知らず知らずのうちに頭の片隅に知識が分類・整理されるからです。なぜかって？　文学書を読むときも同じメカニズムが作動しているからです。

文学書を読んでいる間、子どもは読んでいる部分の状況に集中します。いったん中断して前の部分を復習したり、改めて頭の中で整理したりはしません。ただ面白くて読み進め

るのです。しかし最後まで読むと主なシーンやあらすじ、人物同士の関係といった情報が、一軒の建物のように頭の中に構築されています。これはドラマや映画などの映像媒体を見てあらすじや人物関係を覚えることとは本質的に異なっています。活字媒体である文学書は、映像媒体とは内容の入力経路そのものが違うのです。実際のところ、本に慣れていない子は、自分が読んだ本のあらすじや人物関係などをちゃんと記憶できないことがよくあります。自分の年齢に合った文学書を読んで頭の中に家を建てられない子が、教科書を一度読んで頭の中に家を建てられるはずはありません。

文学書をたくさん読めば、頭の中に家を建てる訓練を繰り返すことになります。ですから、文学書を楽しく読む子が理科や社会科も得意になるのは当然なのです。

なぜ数学の成績も上がるのか？

1970年代に日本で始まった「朝の10分間読書運動」は、韓国でもよく知られている有名な読書運動です。日本のある高校から始まったこの運動の原則はいたってシンプル。

毎朝10分間、生徒みんなが本を読むだけです。実はこの運動の目的は学習進度の改善ではなく、生活態度の改善でした。当時日本の公教育は、いじめなどの校内暴力、生徒の反抗的な行動、規律を守らない生活態度といった問題が山積《さんせき》していました。そんな状況を改善しようと、ある学校の先生が始めたのが「朝の10分間読書運動」です。一日10分の読書によって本と親しみ、人間性を養い、落ち着いた態度を身に付けることで生徒の生活態度全般が改善されることが期待されました。実際、この運動は大きな成果を収め、日本の公教育が抱えていた問題が大きく改善されました。校内の規律が正され、生徒の生活態度も見違えるように良くなったといいます。しかも生活態度の改善だけではなく、生徒たちの成績も上がったのです。**全科目において平均点数が上がりましたが、中でも特に上がった科目が国語と数学でした。**驚くべきことに、**読書は社会や歴史より、数学の成績を引き上げたのです。**以降、「朝の10分間読書運動」は日本各地に広がりましたが、他の学校でも同様に、国語と算数・数学の成績の飛躍的な向上という現象が起こりました。

数学の公式の概念を理解できるようになる

なぜ読書が、なんの関連性もないように見える数学の成績を上げるのでしょうか？　前に私は、**文学書を読むことは「頭の中に知識体系の家を建てること」と同じ**だと述べました。これは別の語で**「概念化」**と言いますが、数学で最も重要なのがまさにこの概念化なのです。

数学の公式は、それぞれが一種の鋭い論理です。この論理を理解するためには概念化する力が必要です。本をたくさん読んでいる子は数学の公式の概念をすばやく正確に理解できるので、数学もよくできます。たとえば「A×B」は「AがB倍ある」ということを意味します。この概念がわかれば、何問か解くだけで掛け算をマスターし、応用問題も容易に解けるようになります。しかし概念化能力が劣る場合、問題をたくさん解かなければ掛け算という概念を理解できません。**数学は熟練の学問**です。そのため概念化能力に優れた生徒でも、多くの練習を必要とするのは事実です。しかし**概念を正確に理解した状態で熟練するのと、熟練することで概念を理解するのとは次元の違う問題です**。概念化能力が低い状態で問題を解く訓練にばかり重点を置いた場合、ひねった問題の前では実力が発揮できなくなります。公式に数字を代入する前に、まず問題の概念を把握しなければならないのに、それが円滑に行われないのです。

簡単な分数問題を使って、この過程を説明しましょう。

【問題】　火をつけると1時間に全体の長さの1／5ずつ燃えるろうそくがあります。このろうそくに火をつけ、あとで見ると1／10が残っていました。火をつけてから何時間経ちましたか？

この問題は、「ろうそくに火をつけてからの時間」を尋ねています。まず解答に必要な二つの事実を抽出します。

条件❶　1時間に1／5ずつ燃えるろうそく
条件❷　ろうそくの1／10が残っている

ここで「条件❷」が曲者《くせもの》です。どれだけ燃えたかではなく、どれだけ残っているかを伝えているからです。条件❷を条件❶に合わせた概念に変えなければなりません。1／10残っているということは、9/10が燃えたという意味です。

条件❶　1時間に1/5ずつ燃えるろうそく
条件❷　ろうそくの9/10が燃えた

条件❶と条件❷の分母が異なると問題を解けないので、二つの分母を統一させます。

条件❶　1時間に2/10ずつ燃えるろうそく
条件❷　ろうそくの9/10が燃えた

4時間で8/10が燃えます。さらに1/10が燃えたので、このろうそくは火をつけてから4時間30分経ったことがわかります。この問題を解くためには問題の概念を把握し、解答に必要な条件を抽出し、その条件の概念を統一しなければなりません。答えを出すことを最優先にして算数の勉強をする子たちは、この過程で挫折することがあります。まず問題の説明が理解できず、自分がいつも解いているものと条件が違うので「こんなのわからない」とあきらめてしまいます。一方、よく本を読む生徒たちはこの過程を簡単にやり遂げます。たとえ多くの練習問題を解いてこなくても、全体の流れから問題を解くことができるのです。

本を読んでいる子は概念をきちんと把握します。数学公式の概念、問題の概念も同様です。**学年が上がるにつれて数学が難しくなるのは、覚えるべき公式の概念が難しくなるからです。**読書経験があればあるほど、いとも簡単に概念を把握できるようになります。これこそ「朝の10分間読書運動」が子どもたちの数学の成績を上げた理由であり、原理です。

読書習慣はマラソンのようなもの

文学書を読むことは、勉強に対する態度にも大きな影響を及ぼします。**文学書をたくさん読んできた子はそうでない子に比べ、勉強への拒否感や恐怖心が少ない傾向があります。文学書も本だし、教科書も本だからです。**たとえば長編童話『モンシル姉さん』(クォン・ジョンセン著、てらいんく)を楽しく読んだ子なら、小学6年の社会の教科書の文字量と厚さはあまり負担に感じないでしょう。小6の社会の教科書より『モンシル姉さん』のほうがずっと厚いし長いからです。たとえ社会科が嫌いで面白くなくても、読んで理解すること自体が困難だったり負担に感じたりはしません。反対に、本を読まない子は小学6年の社会の教科書を難しく、負担に感じます。そのくらいの厚さの本を読んだことがないからです。学年が上がるにつれ、負担感の差はだんだん広がっていきます。

読書経験を重ねた子と、そうでない子の差は大きく表れます。毎日近所の公園を10キロ走る子と一度も走ったことがない子が、ミニマラソン大会に出場するのと同じです。毎日走る子にとって、10キロくらいの距離は大したことはありません。なにしろ毎日走っているのですから。**走る場所が公園（文学書）かトラック（教科書）かという違い**だけで、いつものように走ればよいのです。一方、一度も走ったことのない子にとって、10キロはとてつもなく長い距離に感じられますし、実際にも相当きついでしょう。

文学書を楽しく読む子とそうでない子は勉強への心構えと能力の両方で、どうしても大きな差がついてきます。

「二週間に一冊読書」や「朝の10分間読書運動」は、勉強のあらゆる要素に多大な影響を与えます。そのため成績が上がるのです。

文学作品は社会的知性も育てる

さらに付け加えると、**文学書を多読する子は他人をよく理解します**。イアン・レズリーの『子どもは40000回質問する─あなたの人生を創る「好奇心」の驚くべき力─』(光文社)には関連研究が詳しく紹介されています。カナダのヨーク大学の心理学教授レイモンド・マーによる2011年の研究は、**小説を読むときに使われる脳の部位と人間関係を扱うときに使用する脳の部位がかなりの範囲で重複している**と述べています。また、**小説を読むことが社会的知性**(人間関係を理解して社会で適切な行動をとるために必要な能力)**テストの好スコアにつながる**という研究結果もあります。あえて研究結果を持ち出さなくても、文学作品が人間理解の助けになることに疑問の余地はありません。

物語を読むことは、他人の人生を生きることと同じです。自分とはまったく別の時空間、まったく別の状況に置かれた人に感情移入し、その人が経験する事件をともに経験するのですから、まさに他人を理解する行為です。勉強という枠を超え、人を理解する能力が生きていくうえで、どれだけ重要かは言うまでもないでしょう。順調な学校生活や社会生活の基本は人間関係です。もちろん家庭生活も同様です。

読書家なのに勉強ができない子の共通点

「先生、本が好きなら国語ができるはずですよね。うちのジニョンは国語の成績が落ちたし、算数問題もぜんぜん理解できません。何がいけないんでしょうか？」

本好きのジニョンは小学5年。一日に三、四冊は読むそうです。そのわりになぜか勉強ができません。本を読んでも内容は理解できず、応用問題が苦手です。論文・作文指導塾をやっていると、ジニョンのように勉強ができない本好きの子にしばしば遭遇します。

私が母親と話している間、ジニョンは本を読んでいました。彼が塾の書棚から選んだのは『どうにかしたい！——すみれin Junior high school』（黒野伸一著、理論社）という小説です。

「ジニョン、ちょっとこの本読んでみて」

私はジニョンに『きみはダックス先生がきらいか』（灰谷健次郎著、大日本図書）という小学3年向けの本を渡しました。ジニョンは不服そうな様子でしたが、後で質問するから最初のほうだけ読んでおくように言いました。ジニョンはその本を20分足らずで読み終えました。本の内容について質問したところ、正答率は70％程度。さらに少し話を聞くと、速読する生徒がたいていそうであるように、ジニョンは本の内容の概略を把握し推測するコツは知っていましたが、登場人物が置かれた具体的な状況や感情はほとんど読み取れていませんでした。いわば本の上っ面を眺めただけです。私は母親に言いました。

「問題は速読です。このままではいくら本を読んでも効果はありません」

どんな勉強もそうであるように、読書も「ケース・バイ・ケース」と言われることがよくあります。読書の効果がある子もいれば、そうでない子もいるという主張です。しばしばジニョンのような、本好きなのに勉強ができない子がその根拠として取り上げられます。

毎日本を読んでいるのに言語能力が低い。これは毎日100回ダンベルトレーニングをしているのに少しも筋肉がつかないくらいおかしなことです。現実世界でそんなことが起こる可能性はただ一つ、トレーニングをするといってダンベルを持って部屋に入ったのに、実際にはやっていないということです。つまり、本を手に取っても実質的には読書をしていないので効果も得られないのです。

言語能力が低い本好きの子にはいくつか共通点があります。

▼共通点① 読む速度がとても速い

まず「読む速度がとても速い」ことです。150ページほどの高学年用の児童書なら、1時間足らずで読んでしまいます。もっと速い子は30分もかかりません。私はこれを「本を見物する」と言っています。2時間ほどの映画を早送りして、たった10分でその映画を観たと言い張るのと同じです。こういう子たちはいくら本を読んでも「思考と感情のかたまり」どころか、基本的な感想さえ生まれません。本を見物しながらしていることといえば、ただ目で眺めながら大体の内容を把握するだけです。五目並べが碁ではないように、本の見物は読書ではありません。

▼共通点② 自分より高い年齢向けの本を読みたがる

二番目の共通点は、「自分より高い年齢向けの本を読みたがる」ことです。小学5年生のジニョンは青少年小説『どうにかしたい！―すみれin Junior high school』を選んでいました。この子たちは本好きと言ってはいますが、読書の面白さを知らず、実際は読んでもいません。無意味な本見物を無限に繰り返しているだけです。これは一種の収集癖であり、「自分が読んだ本」をコレクションする行為なのです。「収集リスト」を増やすのが目的なので、本はできる限り速読、どこかで「それは読んだ」と言うときのため、ざっと大体の内容だけ把握します。

自分より高い年齢向けの本を好むのも同じ理由です。そういう本はコレクションを引き立ててくれる「レアアイテム」ですから。そんな収集リストは周囲の称賛の的です。「ほんとに本が好きなのね!」「わあ、もう読んだの? すごいね!」「おや、こんな小説がもうわかるのか?」。クールなコレクションを持っていれば、特別な子のように扱ってもらえます。ほめられたい気持ちが子どもを「にせの本好き」にします。大変残念なことです。

ダンベルトレーニングをしているのに筋肉がつかない人はいません。本をちゃんと読んでいるのに言語能力が上がらない子もいません。物理法則と同じように確かな事実です。

正しい読書　二つのポイント

筋トレにも正しい姿勢や方法があるように、**読書にも正しい心構えや方法があります。**大原則は「**たくさん考えれば考えるほど良い読書**」です。速読が悪い読書法なのは、考える暇がないからです。習慣的に速読している子どもたちは本を何冊読んでも言語能力評価テストの点数が上がりません。本当に驚くほど、横ばい状態が続きます。

❶ 声に出して読む速度

一番の基本は「精読」です。ここで言う精読とは、「**声に出して読む速度**」で読み進むことを意味しています。この速度を維持すれば登場人物の関係や置かれた状況、主な事件やあらすじを十分に把握しながら読めるため、自然にいろいろな考えも浮かんできます。

中学生の基準は六カ月間、二週間に一冊。これだけ読めば修能試験国語問題編集版の点数が5〜10点上がります。

❷面白い本を読む

次に、「面白い本を読むこと」です。本を読むときに生じる「思考と感情のかたまり」**が大きく厚いほど、読書効果も高くなります**。そのためには能動的な読書をしなければなりません。つまらない本を読み進めたくなる人はいないでしょう。なんとか最後まで読めれば大したものです。面白いと思うことそのものが、能動的な読書をしているというサインです。

「先生、この本最高！　途中で気絶しそうでした」

普段はおとなしく物静かなスミンが大はしゃぎで親指を立てることがよくありました。よほど楽しく読んだのでしょう。これこそ、スミンが十カ月で修能試験国語問題編集版の点数を40点も上げた秘訣です。

ポイントはたった二つ。「音読のスピードで読むこと」「面白い本を選んで楽しく読むこと」。この二つができれば、結果はおのずとついてきます。特に急き立てなくても本を読み、読んだだけ勉強脳も作られていきます。

本嫌いの子も夢中で読む、面白い本の選び方

原則は、**子どもが自分で選ぶこと**。「何を読もうかな？」と悩むことで自分の好みを見極め、本を選ぶ目が鍛えられます。これは読書家になるために必要な能力です。すでに本に親しんでいる子や10歳未満の子どもには、安心して自分で本を選ばせてください。問題は本嫌いの小学校高学年と中高生です。ただでさえ本に拒否感があるのに、**最初に読もうとした本がつまらなかったらますます読書がいやになります**。

本嫌いの子も夢中になれる、魅力ある本を選ぶ方法を紹介します。

◎夢中になれる本の選び方

好きな作家を見つけてあげる

子どもが好きな本に出合ったら、その作家の他の本を読ませてみましょう。ある本を好

きになるのは、物語そのものを気に入ったせいもありますが、その作家の話の進め方や文体を心地よく感じたということでもあります。その作家の書いた他の本も好きになる確率が高いのです。

海外の児童・青少年文学の文学賞受賞作

海外の有名な児童・青少年文学の文学賞受賞作は、いずれも粒ぞろいの名作です。ニューベリー賞、全米図書賞、ドイツ児童文学賞の受賞作は、賞の名前を信じて選んでもよいくらいです。しかし子どもに読書習慣がないという点を考え、ページ数を確かめて薄めの本から選ぶことをお勧めします。

◎こんな本に注意！

子どもに好きな本を選ばせるのが原則ですが、学習漫画やストーリー形式の教養書は特に注意が必要です。こうした本は読書習慣の形成に悪影響を及ぼすおそれがあります。

学習漫画

本を読んでこなかった子が学習漫画に慣れてしまうと、相対的に時間が長くかかる一般的な読書を面倒がるようになります。また、学習漫画は活字中心ではないため、いくら読んでも言語能力向上の効果は期待できません。

ストーリー形式の教養書

ストーリー形式の教養書は文学書と教養書の特性を合体させ、唐突なストーリーに知識が混ぜ込まれています。宝探しに旅立ったら火山について詳しくなった、といった具合です。内容と形式が一致していないので、物語としても面白さに欠け、知識は知識で適切に記述されていません。知識そのものが物語形式となる歴史分野を除けば、**ストーリー形式の教養書や学習漫画で読書効果を上げるのは困難**です。知識の習得効果も高くありません。

子どもの頭が良くなる読書法 3

言語能力を短時間で引き上げる、中学生の筆写読書法

本を書き写す「筆写」は言語能力を引き上げる非常に効果的な方法です。〈子どもの頭が良くなる読書法2　年齢相応の言語能力をつける、中学生の基本読書法（78ページ）〉を続けながら、毎回各小説の冒頭数段落を書き写します。短期間で驚くほどの効果が見られ、中には中学2年の生徒で、この方法を六カ月行うことにより修能試験国語問題編集版の点数を30点上げた事例もあります。

三カ月きちんと続ければ国語はもちろん社会、理科系科目の成績も最上位圏まで引き上げることができます。

筆写するときは宿題でも片付けるように早書きしてはいけません。文章の意味をきちんととらえながら、一文一文丁寧に書き写します。

二週間の読書計画

▼初日は図書館や書店に行き、子どもに青少年向け小説を一冊選ばせます。
▼筆写時間を確保するため、できるだけ十日以内で読了させます。
▼本を読んだあと四日間、小説の冒頭を書き写します。物語の導入部、つまり1章全体の筆写がベストですが、現実的には時間と労力がかかり、難しいかもしれません。少なくとも冒頭の五段落以上を筆写します。
▼書き終えたら必ず書いたものを読み返させます。冒頭部分を中心に本について話し合います。

第1部
初級編

第4章

児童文学が嫌いなうちの子はどうすればいい？

読めないのは本当に語彙不足のせい？

年齢に応じた文学書を読む。これは最も初歩的な読書です。この初歩的な読書を一週間に2、3時間行うだけで、言語能力はたちまち向上します。読書の質が高ければ飛躍的な成長を遂げますし、読書の質が普通程度でも年齢に応じた言語能力がすぐに備わります。

ところが、この初歩的な読書すらできない子がたくさんいるのです。速読しているわけでもないのに、読んでいても読んでいない子どもたちです。

ディスレクシア（読字障害）は脳に問題があり、文字が読めない症状です。ディスレクシアの患者にとって文字はただ意味のない記号のように見えます。いくら読書が言語能力を向上させるといっても、読めなければ出発点すらありません。

ところが、脳に問題がないにもかかわらず決定的に読解力の足りない子どもたちがいます。本を読んでも把握できる内容はやっと2割そこそこです。まだ確かな研究結果はありませんが、数多くの読書教育専門家らが、生徒全体のうち2、3割ほどは深刻な読解力不足の状態だと推定しています。

読解力が劣った状態では、文字を追えても読んでいないため読書効果は期待できません。読解力不足の様相は、小学校低学年と高学年、中高生でそれぞれ異なります。

この章ではまず小学校低学年の読解力不足の状態と改善法を探っていきます。

文字を見た瞬間、思考停止する子

「単語の意味がわからないみたいで……語彙が足りないのでしょうね」

小学3年のミョンビンの母親は、ミョンビンが本をうまく読めないのは語彙が足りないからだと推測しました。単語の意味を知らないので読めない、というわけです。本を読めない小学校低学年を持つ保護者から、よくこうしたことを聞きますが、誤った判断である場合が少なくありません。低学年が読む本は主に日常的な言葉で書かれており、単語の意味がわからなくて本を読めないというケースはほぼないのです。一見してそう思えるだけで、本当の理由は別にあります。

ミョンビンの状態を正確に知るため、小学2年生向けの本『오빠의 누명을 벗기고 말테야（のっぽのミニ、おにいちゃんのぬれぎぬをはらす）』（クリスティーネ・ネストリンガー

著、日本未訳）を読ませてみました。音読の速度でも30分以内で読める本ですが、ミョンビンは1時間以上かかりました。読み終えたあと、ミョンビンに冒頭部分を再度読むよう言いました。

ヘルミーネ・ツィプフェルは7さいです。お母さんとお父さん、おばあちゃんはミニとよびます。おにいちゃんのモーリッツはミニのことを「豆の茎《くき》」「棒きれ」とよんだりします。ミニがのっぽなうえ、やせているからです。モーリッツはミニより2さい年上なのに、せの高さは同じくらい。いもうとならせもひくくなきゃいけないとモーリッツは思っています。

数行を再読するのに、とても時間がかかりました。質問してみます。

「お兄ちゃんはどうしてミニを豆の茎とか、棒きれとか呼ぶのかな？」

口ごもっているのでもう一度読むように言い、そこでやっと答えました。

「豆の茎みたいだからです」

「豆の茎みたいってどういうこと？」

しばらく考え込んだあと答えました。

「豆の茎みたいに、頭が大きいってことですか?」

こうしたピント外れな答えをする生徒はミョンビンだけではありません。小3の生徒十人のうち二、三人はこういうトンチンカンなことを答えてきます。次に「ミニがのっぽなうえ、やせているからです」と書かれているのに、前後の文章の情報をつなげられないため答えられないのです。十人のうち二、三人以外の、ほかの生徒はどうでしょうか。

「お兄ちゃんはミニがのっぽなのがうれしい? それともくやしい?」

この質問に「くやしいです」という正解をすぐに出せる子は十人中六、七人程度。それ以外は理由を示せなかったり、おかしなことを答えたりします。ミョンビンのように、文章と関係なく自分の考えを話したりもします。

「妹ですから、背が高ければうれしいです」

〈モーリッツはミニより2さい年上なのに、せの高さは同じくらい。いもうとならせもひくくなきゃいけないとモーリッツは思っています〉という文から、モーリッツの気持ちを読み取れません。しかも、この導入部のすぐあとに、「きみたち、どっちが年上?」と人に聞かれてモーリッツが腹を立てる場面さえ出てくるのに。つまり物語で示された情報を、感情に転換できないのです。文章中の個々の情報をつなげられず、情報の中に込められた感情を読み取れない。一言で言って、本を読む能力がない状態です。興味深い点は、同じ内容を言葉で説明してあげると理解できることです。耳で聞くときは頭がよく回るのに、文を読むと頭が固まってしまいます。

私はミョンビンに「豆の茎」と「棒きれ」の似ているところを聞いてみました。ミョンビンは首を横に振っています。

「棒きれって何ですか？」

「どんなものだと思う？」

「わかりません」

「棒は知ってる？」

「はい、木の棒です」

「棒」は知っているけれど「棒きれ」は知らないために、ミョンビンは本が読めないのでしょうか？　答えはノーです。本が読める子どもたちも、本の中のすべての単語は知りません。修能試験国語問題編集版で満点を取る生徒たちも同じです。生まれて初めて見る電子工学関連の問題文の語彙をどうして知っているでしょうか。それなのに問題文を正確に解釈します。単語は無人島のように、文章中にぽつんと存在するわけではありません。単語は文の中にあり、その文は前後の文と密接な関係で結ばれています。その関係を通じて単語の意味を類推できるのです。ここでは「棒きれ」という単語を知らなくても、文脈から「豆の茎のように細くて長いもの」と類推できます。そして、似た単語である「棒」をはっと思い出し、二つの単語が似たような意味であると推測できます。ミョンビンはこの基本的な推論ができないため、棒きれの意味がわからなかったのです。ですから「語彙が少ない」という状態とは異なります。このような子どもが多いため小学生用の語彙関連の書籍が飛ぶように売れていますが、効果が見られた生徒はほとんどいません。肝心なのは単語の意味を知ることではなく、文脈を通じて意味を推測できる能力です。

この子たちは知能指数が低かったり深刻な注意欠陥（多動性障害）があったりするわけではありません。同学年の他の子と同じです。動物のドキュメンタリーを観て内容をすら説明しますし、ピアノを習えば上手に弾き、科学の知育玩具もうまく作れます。そのため両親は「うちの子は他のことはみんなよくできるのに、ただ本だけが読めない」と訴えます。この子たちの問題は明らかです。文章を読む訓練があまりに少ないため、文字を見た瞬間に思考が停止してしまうのです。

読解力不足は「読む訓練不足」

読解力不足に陥るのは、読む訓練が足りていないせいです。読むことは四つの段階から成り立っています。**文字を音に変換する「表音解釈段階」、音を意味に変換する「意味解釈段階」、意味を連結して文章の意味を把握する「意味連結段階」、文章と文章の意味を連結して文のかたまりの意味を把握する「第二次意味連結段階」**です。

文字を習い始めたばかりの子どもは表音解釈段階で脳をフル稼働させます。かばんという単語を「かばん」と声に出して読むとき、全神経を集中します。この時期には表音解釈をするだけで忙しく、かばん本来の意味や、実際のかばんを思い浮かべる余裕はありません。読む訓練を繰り返して表音解釈になれてくると、子どもは「かばん」という字を読むとすぐに実際のかばんを思い浮かべられるようになります。表音解釈と意味解釈が一つのセットとなるのです。ここでさらに訓練すると単語と単語の意味を文法的に連結させ、たとえば「ミンヒはかばんを持ってぼんやりと立っていました」という文章を読むと、同時にその意味を自動的に解釈できるようになります。文章解釈の円滑化です。

文章解釈が円滑化すると、文と文の意味をつなげる余裕が出てきます。読む訓練を十分に行ってきた子は「ミンヒはかばんを持ってぼんやりと立っていました。国語の宿題をやってこなかったからです」という文章を読めば、多くのことを把握できるでしょう。「ミンヒは今学校へ行く途中だ。なのに国語の宿題をやっていないので、気が重い」といった基本的な情報把握から、「なぜ宿題をしなかったのか？　忙しかったのだろうか？」「でも、ミンヒは学校に行くしかない」「つらいだろうな」といった論理的、情緒的な推測までできるようになります。「思考と感情のかたまり」が生まれるのです。

読解力不足とは、読む訓練が足りず、この四段階を一つに統合できない状態です。たとえていえばミンヒ、かばん、ぼんやりと、といった単語が互いにつながらないままバラバラに浮かんだり、前の文章と後ろの文章が頭の中で動き回ったりしているような状態です。学年が上がるにつれ、多少は自然に改善されることもありますが、同学年の水準をつねに下回ります。

子どもに三度訪れる「読解危機」の波とは？

具体的にさかのぼると、**読解力不足状態に陥る何度かの決定的な時期があります**。子どもたちは成長過程で何度かの「読解危機」に見舞われますが、この危機の波を越えられないと児童文学書さえ読めない読解力不足状態に陥ることになります。

子どもたちが読解危機に見舞われるのは、学年が上がるにつれ成績が落ちるのと同じ原理です。年齢が上がるごとに教科書の言語レベルが上がるように、子どもたちが読む本の言語レベルも上がっていくためです。この危機はもちろん、前段階の本を十分に読まなかったために発生します。絵本をあまり読まなかった子どもに小学1、2年向けの文字中心の本は難しいでしょうし、そのやさしい本もろくに読まなかった子どもには、小学3、4年向けの本は手に負えません。この危機の波に一度飲み込まれてしまうと、取り返すのは非常に困難です。

この第一次危機を克服できなかった子は年齢に応じた本はおろか教科書もちゃんと読め

子どもに三度訪れる「読解危機」

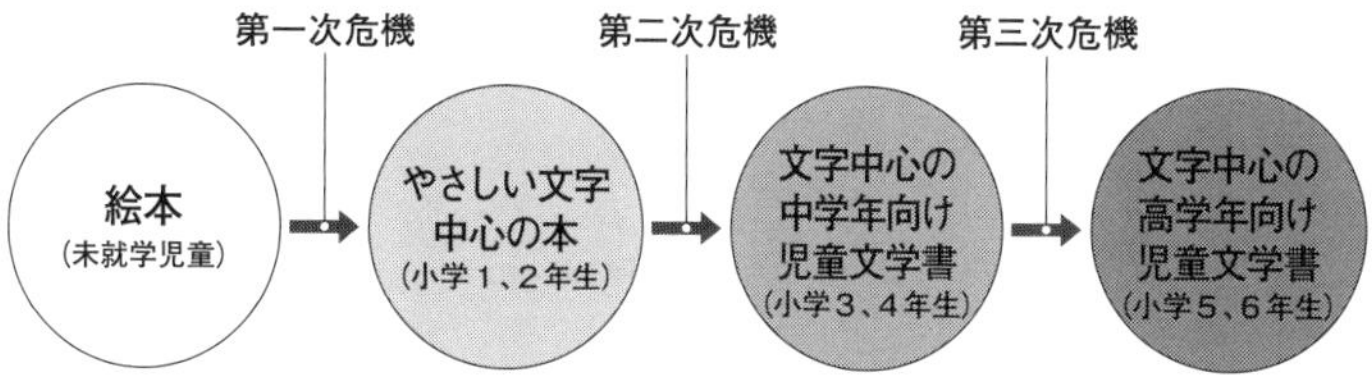

ないため、言語能力の成長が大変遅れます。言語能力が低くて読む訓練ができず、さらに言語能力の発達が停滞するという悪循環に陥るのです。もちろん断片的にであれ、文を読む機会はつねにありますから、大部分は時が経てば第一次危機を自然に脱します。しかし問題は、その時期が遅れることです。小学1年で脱すべき第一次危機を小学4年になってやっと超えた子がいるとしましょう。自分の年齢より低いレベルの本もちゃんと読めない子が、4年生の教科書を読めるはずがありません。当然、同学年向けの本は無理です。この子が第二次危機を克服するためには、第一次危機のときよりもっと長い時間を要します。第三次危機の克服となると、はるか先のことにならざるをえません。こうなると中3なのに言語能力は小3レベル、さらには高2で小5レベルの言語能力といった状態になってしまいます。当然、学校の勉強を一人でするのは不可能です。この子たちを読解力不足状態から脱出させる方法は読書だけなのに、前に述べたように、読んでも読んでいない状態なので困難なのです。

「うちの子は違う」とわけもなく安心していると、あとで大変な苦労をするかもしれないので注意が必要です。**読解不能状態まではいかなくても、年齢相応の読解力に達していない子は7割もいます**。言い換えれば本書をお読みの親御さんのうち、少なくとも7割は適正レベルの読解力に達しないお子さんをお持ちだということです。ただ事実を知らないだけです。

子どもの読解力をチェックする方法

子どもが読解危機を脱したかどうかは、比較的簡単な方法で診断できます。まず小学1～3年の子どもに対しての簡単なテストをご紹介します。図書館で『외딴 집 외딴 다락방에서（アニーの部屋のゆうれい）』（フィリッパ・ピアス著、ノンジャン、日本未訳）や『ぼくのおなかがしろいわけ』（熊田勇作・絵、講談社）といった小学1年生向けの児童書を借りてきます。もちろん、子どもが読んだことのない本でなければなりません。その本を親がまず読んでから子どもに読ませ、あらすじを尋ねます。

①あらすじをくわしく正確に言える――小学1年生優秀レベル
②あらすじを単純だが正確に言える――小学1年生普通レベル
③あらすじを正しく言えない――小学1年生平均以下レベル

「①あらすじをくわしく正確に言える」なら、本の内容をそれだけ多く記憶しているということです。このとき注意する点は「**子どもが本に出てくる語を使って具体的に説明しているか**」です。使っていれば、小学3年生でも優れた読解力を持っていると言えるでしょう。小学1、2年生だったら申し分ありません。子どもが②や③に当てはまる場合、親が本を読みながら10問ほどの問題を出します。物語の重要な出来事を中心に尋ねます。

㋐本の内容についてすべて正しく答えた――小学1年生普通レベル
㋑3問以上間違えた――小学1年生平均以下レベル
㋒5問以上間違えた――読解力不足状態

小学1年生の場合、この2問目のテストで㋑、㋒だったら読解力が平均より低いことになります。小学2、3年生なら深刻な状態です。特に小学3年生が㋒に該当するなら読解力不足は確実です。塾に通わせるより、毎日一緒に図書館に行くほうがよいでしょう。

問題を出すときは、ストーリーと直接関係がある、ポイントとなる箇所を取り上げます。『외딴 집 외딴 다락방에서（アニーの部屋のゆうれい）』からの問題例を見てみましょう。

これらの例題を参考にすれば、出題のコツがつかめるはずです。

【問題例】（『외딴 집 외딴 다락방에서（アニーの部屋のゆうれい）』から）

問1 大おばさんの家に遊びにいったエマは、これから三日、ある部屋を使うことになった。その部屋はもともと誰の部屋だった？

問2 弟がエマに、屋根裏部屋についての恐ろしい話を聞かせた。どんな話だった？

問3 屋根裏部屋の棚の上に、小さな陶器の人形がたくさん置かれていた。その人形は、みんな同じ動物の形だった。その動物とは？

問4 真夜中に窓をたたく音が聞こえて、エマは目が覚めてしまった。窓をたたいていたものの正体はなんだった？

問5 次の夜、エマはなんだか怖くなって眠れなくなった。下の階に降りて、また屋根裏部屋に上がってきたとき、窓のほうから白い服を着た、ぼんやりしたものが近づいてきた。それは何だった？

問6 三日目の夜、雷が鳴った。眠っていたエマは雷の音がだんだん近づいてくるのを聞き、稲光がぴかっと光った瞬間ぱっと目が覚めた。エマはキャーッと悲鳴を上げた。部屋の真ん中に誰か立っている。それは誰だった？

問7 エマはまた眠ろうとして横になった。でも、今度もなかなか眠れない。暗闇の中で誰かがエマを見つめていたから。エマを見つめていたのは誰？

問8 大おばさんは自分の娘の話をするたびにため息をついていた。それはどうして？

言語能力が低ければ3問以上間違えるはずです。読解力不足状態なら正解は2、3問にとどまるでしょう。言語能力が高い子なら一度読んでストーリーを完璧に記憶したうえ、登場した猫の色まで覚えています。記憶力が良いわけではなく、物語という論理体系を理解し整理する能力、つまり言語能力が高いからです。

どちらのほうが勉強ができるでしょうか？　あえて言う必要もないでしょう。

最初の1／3を毎日繰り返し読み聞かせる

小学3年生のミョンビンは私の授業に参加できる状態ではありませんでした。小学1年生向けの本さえ内容がつかめないのに、3年生向けの本が読めるはずがありません。本が読めなければ、それについて作文を書くのも無理です。まず読解力を引き上げることが最優先でした。そこで小学1年向けの児童文学書を一週間に一冊読むというプログラムを立てました。さらに母親に授業で使う図書の最初の1／3を、毎日繰り返し読み聞かせるようお願いしました。薄い本なので10分もあれば読める分量です。もっと先を読んでくれと頼まれても1／3より後ろは読まないよう念を押しました。

こんなお願いをしたのは、大きく二つの理由からです。物語というものはたいてい主人公に何か事件が起こり、それを解決するという構成になっています。うまく解決できればハッピーエンド、そうでなければバッドエンドです。主人公にどんな事件が起こるのかさえわかれば、子どもは続きが知りたくなるものです。「これからどうなるんだろう？」という好奇心が生まれるのです。そして好奇心が生まれたということは、子どもが物語の本筋を把握したこと、物語の後半を自発的に読めるようになったことを意味します。しかし読解力が劣っている子の場合、一人で読んでも導入部で発生する事件を理解できません。どんなことが起こったのか把握できないため、そのあとを知りたくもならないのです。**児童文学書の前半1／3の読み聞かせの目的は、物語の中でどんな事件が起きるのか、はっきりわからせることです。好奇心が生まれる地点まで子どもを連れて行ってあげるわけです。**

児童文学書の冒頭1／3を読み聞かせたあと、40分間その後ろの部分を一人で読ませます。このときは多少強圧的な雰囲気が必要です。そわそわしたりぐずったりしても、とにかく本を持たせておかなければなりません。**40分間読んだら、今読んだ部分について簡単に話し合います。**このときは内容を把握できているかを確かめるというより、読んだ感想や印象的だった部分について一緒に話すという気持ちで会話します。そして**次の日また同**

じ本の冒頭1／3を読み聞かせ、その後ろを40分間一人で読ませ、話し合います。これを**一週間繰り返し、七日目に読書忠実度テストをします**。ポイント箇所について10問程度の質問を投げかけ、子どもがどれくらい正解できるかを確かめます。

一冊の本を一週間繰り返して読むのは、導入部の内容や文章の流れをより確実に認知させるためです。一週間同じ導入部を繰り返して読み聞かせれば、たとえその後ろがきちんと読めていなくても、導入部だけは細かい表現まで思い出せるほどしっかりわかるようになります。そうして二冊読めば二つの導入部を確実に把握することになり、三冊読めば三つの導入部を確実に把握することになります。

物語の世界を身近に感じるようになる

この方法には二つの効果があります。**一つは小学校低学年向けの本の呼吸に慣れることです**。低学年用の本は一定の文章密度を持っています。未就学児向けの絵本より密度は高く、小学3、4年生向けの本より低い密度です。

たとえば未就学児向けの絵本『ふわふわ・くもパン』（ペク・ヒナ文・絵、小学館）は、目が覚めると雨が降っており、弟と一緒に外に出て、雲のかけらを発見するまでの流れを

たった8文で表現しています。対して小学1、2年生向けの童話『책 먹는 여우（本をたべるきつね）』（フランツィスカ・ビーアマン著、ジュニアキミョン社、日本未訳）では、きつねが本を食べ、図書館の司書につかまるまでを表現するのに24文使われています。低学年向けの童話の文章のほうが、未就学児向けの絵本の文よりはるかに具体的でくわしいのです。読書訓練がほとんどできていない読解力不足の子には、小学校低学年向け図書の文章密度は手に負えません。長すぎるし、くわしすぎると感じるのです。導入部を繰り返し読み聞かせることで、低学年向けの童話の文章密度に慣れ、読書に対する拒否感を減らすことができます。

二つ目の効果は、導入部を繰り返し聞くと、その話に親しめることです。一週間同じ話の導入部を聞き、その後ろを繰り返し読むうちに、スポンジに絵の具が染み込むように物語の世界と雰囲気になじんでいきます。

導入部を繰り返し読み聞かせることで、子どもは文章の密度に慣れ、物語の世界を身近に感じるようになります。いわば武装解除するのです。おそらく五冊目までには、最後まで読める本があるはずです。**最後まで読めた本が一冊でもできれば、次からはずっと楽になります**。読了できたということは、1年生向けの本の文の分量と言語レベルをこなす力がついたという意味ですから。

1年生向けの本を四、五冊を続けて読み終えたら、2年生向けの本に進みます。同じやり方で2年生向けの本を征服したら、3年生向けの本に移行しましょう。ミョンビンの場合、3年生向けの本が読めるようになるまで約三カ月かかりましたが、早く克服したほうだといえるでしょう。

子どもが逃げ出さないための心得

成功するかどうか、また克服までの速度を決める点は大きく二つです。まず、**読書から逃れるすべはないと子どもにわからせること。**読解力不足の子は本に対する拒否感が強いため、どうにかして読書から逃げようとします。

まずは机の前に座らせ、なぜ本を読まなければならないかを説明し、規則を決めます。**「毎晩8時から9時は本を読む時間」**などと告げ、**本を読む場所も一カ所に定めます。**また**「10分読み聞かせ―40分読書―10分対話」の時間配分も前もって知らせておきます。**この**原則は何があっても守るという、断固たる態度を見せることが重要です。**そうしないと、子どもはあれこれ口実をつけて逃げ出す算段をします。

また、**子どもが本を読んでいる間、親御さんは席を立ったりスマホを見たりしないよう**

にしましょう。子どもが苦労して本を読んでいるそばで親がふらふら遊んでいては、子どもの緊張感はたちまち緩んでしまいます。**一番いいのは、そばで一緒に本を読むことです**。横で親が本を読んでいるだけで、子どもには大きなエールになります。親と一緒にいる時間という実感が、より読書に集中させるでしょう。

二つ目の点は「どれだけ面白い本を選んだか」です。ただでさえ読解力不足の子につまらない本を与えれば苦痛は何倍にもなり、失敗するおそれは大幅に上昇します。逆に子どもが本当に面白がる本なら、たった一冊で素晴らしい効果を上げます。次から次へとページをめくって本を読み進んでいくうちに、いつのまにか長い本を最後まで読んでしまうのです。

面白い本を一冊読んだら、同じ分量の他の本も読めるようになります。以前なら怖気《おじけ》づいた厚さの本にも、もう拒否感はなくなっています。**大事なのは、ためになる本ではなく、子どもが面白がる本を探すこと**。そんな本にたくさん出合えば出合うほど、読解力不足状態から脱出できる日は近づきます。

子どもの読書習慣チェックリスト

問1 一週間に何日、本を読みますか？（学校の課題を除く）

□ **5日以上（5点）**
□ **3、4日（4点）**
□ **2日（3点）**
□ **1日（2点）**
□ **0日（1点）**

問2 一冊あたりの読む速度はどのくらいですか？（高学年向け長編童話を基準として）

□ **4時間以上（5点）**
□ **2時間以上（4点）**
□ **1時間以上（3点）**

□ **1時間以内（2点）**
□ **30分以内（1点）**

問3 一カ月に何冊読みますか？

□ **10冊以上（5点）**
□ **5冊以上（4点）**
□ **3冊以上（3点）**
□ **1冊前後（2点）**
□ **0冊（1点）**

問4 1回の読書時間は？

□ **2時間以上（5点）**
□ **1時間以上（4点）**
□ **1時間以内（3点）**
□ **30分以内（2点）**
□ **10分以内（1点）**

問5 読んだ本の感想を進んで話しますか？

□ **読んだ本すべてについて話す（5点）**
□ **面白かったときに話す（4点）**
□ **たまに話す（3点）**
□ **尋ねれば話す（2点）**
□ **話さない（1点）**

問6 物語のあらすじを話せますか？

□ **くわしく話す（5点）**
□ **中心となるあらすじを話す（4点）**
□ **おおまかなあらすじを話す（3点）**
□ **3、4文で簡単に話す（2点）**
□ **間違えて話す（1点）**

問7 全体の読書量のうち学習漫画が占める割合は？

□ **読まない（5点）**

□ **10冊中1冊以内（4点）**

□ **10冊中3冊以内（3点）**

□ **10冊中5冊以内（2点）**

□ **10冊中5冊以上（1点）**

問8 学校の宿題の日記や読書感想文を上手に書けますか？

□ **とてもよく書ける（5点）**

□ **よく書ける（4点）**

□ **普通（3点）**

□ **うまく書けない（2点）**

□ **3、4行で、書くことがないと言う（1点）**

問9 学習量に対して国語の成績はどうですか？

□ **特に勉強せずに90点以上（5点）**

□ **勉強して90点以上（4点）**

□ **80点以上（3点）**

□ 70点以上（2点）

□ 70点以下（1点）

問10 好きな作家や本の分野がありますか？

□ どちらもある。すべて探して読んでいる（5点）

□ どちらもある。相当読んでいる（4点）

□ どちらかがある。時々探して読む（3点）

□ どちらかがあるが、自分から探して読まない（2点）

□ ない（1点）

【結果】 チェックした項目のカッコ内の点数を合計しましょう。

45〜50点：非常に優秀

35〜44点：優秀

25〜34点：普通

24点以下：危険

子どもの
頭が良くなる
読書法
4

読解力不足を克服する、小学校低学年の読書法

小学校低学年の読解力不足は、子どもの言語能力レベルに合った本から始め、徐々にステップアップする方法で克服します。小学3年生なのに読解力レベルが小学1年生レベルであれば、小1向けの本から読み始めましょう。

一週間の読書計画

▼初日は子どもと一緒に図書館や書店に行って読む本を選びます。
▼二日目、読書時間を決めて読み始めます。「10分読み聞かせ→40分読書→10分対話」の流れを毎日繰り返します。一週間ずっと同じ本を読む必要はありません。子どもが本を一人で全部読めたら次の本に進みます。
▼最終日、子どもが小1向けの本をきちんと読めるようになったら、小さなパーティーやプレゼントのような賞を与えます。

小1向けの本を五冊、一人で読んであらすじを話せるようになったら、小2向けの本に移行する、という方法で進めていきます。

読書レベルを上げる前に、子どもが次のステップに進むことを祝ってあげましょう。読解力が一段階上がったのです。節目のお祝いは、子どもに誇りとやる気を与えます。

第1部
初級編

第5章

本離れする
小学校高学年と中高生、
突破口を探せ！

本の中で迷子になる子どもたち

小学校高学年、中高生の読解力不足は、小学校低学年の読解力不足とはやや様相が異なります。小学校低学年の場合は文を読む四段階（表音解釈→意味解釈→意味連結→第二次意味連結）が一つの流れに統合されていないために文を読んでも意味の把握ができないのですが、**高学年以上の場合は一つに統合されたメカニズムを持っていながら年齢相応の文章の論理的な複雑さを解読できない状態です。**

高校1年の科学の教科書を例に挙げてみます。

生命居住可能領域（ハビタブルゾーン）とは、恒星の周辺において水が液体で存在できる範囲を示す。生命居住可能領域にある惑星と衛星には生命体が存在する可能性がある。恒星の質量が大きければ生命居住可能領域はより遠くまで広く形成され、恒星の質量が小さければ近い距離に狭く形成される。太陽系における生命居住可能領域は金星と火星の間に広がる。

「高校地学1」より

高校1年生の中には、この箇所を読んで意味を正確に理解できない生徒が相当います。たとえば「水が液体で存在できる範囲」や「恒星の質量が大きければ生命居住可能領域はより遠くまで広く形成され、恒星の質量が小さければ近い距離に狭く形成される」が何を述べているのかがわかりません。個別の単語ではなく、文のかたまりが理解できないのです。この状態を「論理についていけない」と言います。

教科書を読んでわからない単語を調べるように言っても、読解力のない生徒は調べられません。文全体がかたまりで理解できないので、どれがわからない単語なのかがわからないのです。

読解力のある子の本の読み方

学力を伸ばすためには、活字を読みながら考え続けなければなりません。それが学習の始まりであり、終わりです。「水が液体で存在できる範囲」を文字どおりに読むだけでは、

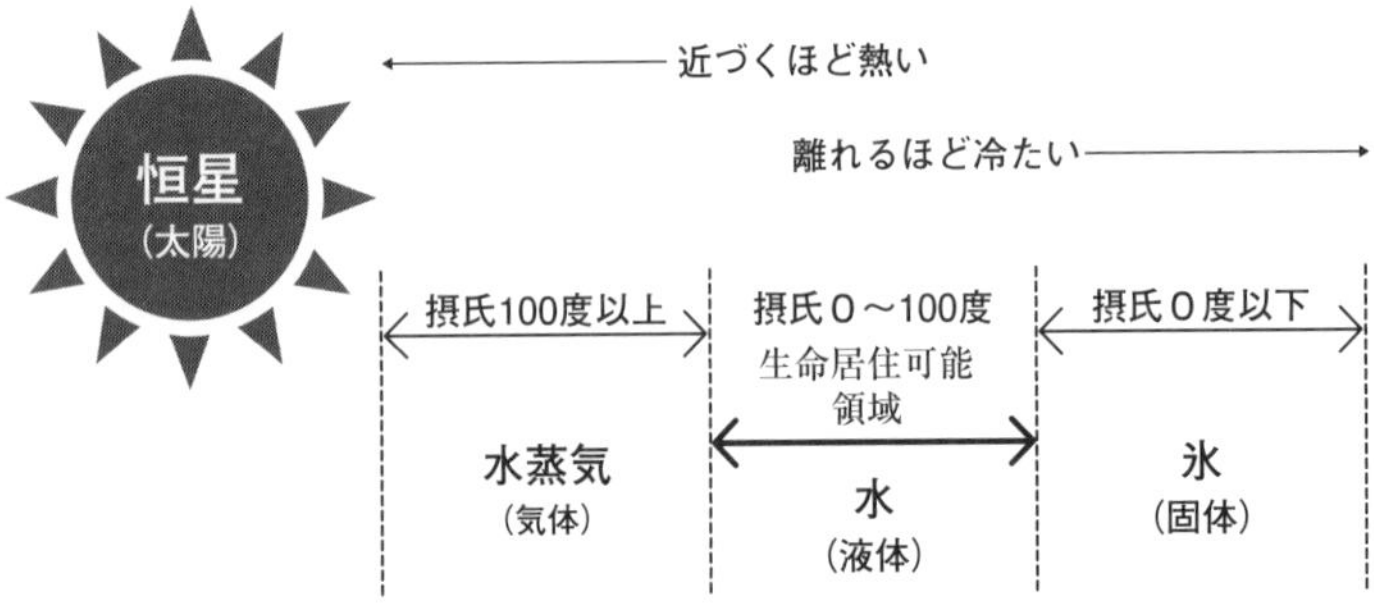

意味はとれません。「水は液体だけど？　液体状態で存在できる範囲って？　範囲と液体にどんなつながりがあるの？」などと思ってしまうのです。

「水が液体で存在できる範囲」という表現を読んだ瞬間、これは温度と関係があるな、とピンとこなければなりません。水は摂氏０度以下になると固体の氷になり、摂氏１００度を超えると気体の水蒸気になります。つまり摂氏０度から摂氏１００度の間だけ、液体の状態で存在します。

同時に、この温度を決定するのが恒星との距離なんだな、とすぐに気づく必要があります。恒星とは自ら光を発する熱い天体です。一番身近なものが太陽ですね。恒星に近づけば水は気体である水蒸気になり、遠ざかれば固体である氷になります。つまり意味を把握するためには、文中で明確に語られていない関連知識を動員しなければなりません。

正しく解釈できれば頭の中に上のような図が描かれます。

読解力のある子は「水が液体で存在できる範囲」という

箇所を読んだ瞬間、この思考過程を完了させ、さっと簡単に勉強が終わります。読解力の足りない小学校高学年、中高生ができないのがまさにこれです。

学年が上がるにつれて教科書の言語レベルは高く、文章の論理も複雑になっていきます。そして、この複雑な論理を持つ文章は、直接語られていない知識や概念、観念を活用してこそ正しい解釈ができます。国語でも理科でも社会でも、どの教科書も同じです。

読解力不足の子どもは「水は摂氏0度から摂氏100度の間だけ液体の状態で存在する」という事実を知らないために、この文がわからないのではありません。文を読みながら滑《なめ》らかに考えられないので理解できないのです。これではいくら教科書を眺めても勉強になりません。読書も同じで、この状態では何冊本を読んでも内容はつかめません。読んでも読んでいないのと同じ読書に効果はなく、読書の効果がなければ読解力不足状態から脱出することもできません。ここで手詰まり、行き止まりです。

読解力不足状態から短期間で抜け出す方法

ヒョンギュが私の塾に来たのは中3になる前の春休みでした。成績が悪く、このままでは普通科の高校に進学できない状態です。母親はどうにかヒョンギュの成績を上げようと、苦しい生活の中で評判のよい塾に片っ端から通わせてみたそうです。けれども全校の最底辺から浮上できず、藁《わら》にも縋《すが》る思いで私を訪ねてきたと言います。私のところに来たときは、もう半分あきらめかけていました。

「実業系の高校に行っても、何も資格は取れないみたいなんです。ほんとにどうしたらいいか……」

私はヒョンギュに基礎言語能力評価テストをやらせてみました。結果は38点。小学校3年レベルの言語能力です。小3が中2の勉強をしているのですから、平均30点から抜け出せないのは当たり前です。論文・作文指導塾での講師生活において、歴代最強の最低成績。手ごわい相手との出会いでした。

まず、今の状態をヒョンギュに包み隠さず伝えました。「年齢は中3だけど、きみの頭は小3だ。これでは勉強どころではない。この状態から抜け出す唯一の道は本を読むことだが、それはとても苦しいだろう。読んでもなんだかわからないし、わからないから面白くもない。だけど歯を食いしばって読まなければいけない。10時間かかろうと、何十回読むことになろうと、本の内容を理解しながら読むんだ。この休みは他のことは何もしないで本を読むことだけを考えなさい。今の状態で英語や数学を勉強してもなんの意味もない」。

ヒョンギュは真っ青になりました。初めて会った先生が面と向かって悪口すれすれのことを、机までとんとん叩きながら並べ立てたのですから、呆気に取られたのでしょう。私の立場としては、こう言うしかありませんでした。ヒョンギュほど深刻な状態の子にとって、読書は苦痛そのものです。ソフトな雰囲気で対応しては読ませることはできません。しかも、もうすぐ中3で、普通高校に行くには次の試験から最低でも平均80点は取る必要があります。新学期までに言語能力を中3レベルまで引き上げなければ不可能な目標です。ゆっくり本と親しむのを待つ時間はありませんでした。

予想どおり、初めから難航しました。最初の授業で本の核心的な内容を問う読書忠実度テストをしたところ、ヒョンギュが正解できたのは10問中たった1問です。

一文一文、理解しながら読む

「ほんとに最後まで読んだんです」

ヒョンギュはくやしそうに言いました。

「読んだか読まなかったかは重要ではない。問題は内容を覚えていないことだ」

ヒョンギュはふうっとため息をついて下を向きました。先生はわかってくれない、冷たいなあ、といった様子です。

「映画を観たとしよう。だけど、どんなシーンもまったく思い出せない。それでその映画を観たと言えるかな？　それは映画を眺めただけで、観たとは言えない。本を読んだなら、内容が思い出せるはずだ。音だけで文字を読まず、意味を頭に刻むように読みなさい」

「……」

「もう一度読んで」

「はい？」

「最初からもう一度読みなさい。文章の意味を一つ一つ把握しながら。2時間後に読んだところまでの内容をもう一度聞く。速度は考えなくていい。1ページでもいいから、意味を完全に把握しながら読むように」

「そうしたら家に帰れますか？」

「もちろん」

ヒョンギュは2時間で30ページあまりを読みました。5問出題して2問正解、3問不正解でした。

「一週間あげるから、この本を3回読んできなさい。ごまかしはきかない。次の読書忠実度テストで満点を取れなければ、3回読まなかったことがわかる。3回読めば、誰でも本の内容がきちんとわかるはずだ」

要はなにがなんでも本の内容を完全に把握するまで読んでこいという指示です。もしも読書忠実度テストで満点が取れなければ、毎日塾に来て本を読ませると脅してもみました。ヒョンギュは3回どころか1回も満足に読んでこず、その後毎日塾に来ることになりました。青少年向け小説『ひとりぼっちの不時着』（ゲイリー・ポールセン著、くもん出版。※日本では小学校高学年以上向け児童文学に分類）一冊を最後まで理解して読むのに、なんと三週間もかかりました。ヒョンギュの抵抗はなかなか手ごわく、携帯電話を切って行方をくらましたり、読書の途中だまって逃亡したり、私がきつく叱って泣き出したこともありました。よくわかります。小学3年生の言語能力で『ひとりぼっちの不時着』を理解しながら読むのは並大抵の苦労ではありません。そのうえ意味を完全に理解するまで何度も何度も読まねばならないとなれば、よほど苦しい作業だったでしょう。彼がもうすぐ中3でなければここまでやりませんでしたが、しかたがありません。

ハードな訓練にもかかわらず、成果はあまり見られませんでした。休み中読んだのは青少年向け小説がやっと三冊。中3の一学期を前に、基礎言語能力評価テストを再度行ったところ、結果は62点でした。小学6年生レベルです。ヒョンギュは点数が上がって大喜びでしたが、私は笑えません。確かに点数は上がり、本も前より読めるようになりましたが、中3の勉強をするには不十分です。そして中3の一学期、ヒョンギュの中間テスト成績は平均64点でした。英語と数学は前と同じでしたが、ほかの科目の成績が大きく上がったおかげでした。

「よくやった。でも、まだまだだよ。普通高校に入るには、期末試験で平均80点以上取らなければ。もっと本を読みなさい」

二週間後、ヒョンギュは塾をやめました。成績が60点台まで上がったからです。あとは英語と数学さえ伸ばせば普通高校に進学できるだろうという希望が生まれると、両親はヒョンギュの放課後を、家庭教師による英語と数学の勉強で埋めることにしました。

このように、ヒョンギュは読解力不足を完全には解消できませんでした。それでもこの事例を紹介したのは、読解力不足状態から短期間で抜け出す方法を具体的な点数を挙げて示せるからです。ヒョンギュの言語能力は小学3年生レベル、学校のテストの成績は平均30点台でした。四カ月で五冊の青少年向け小説を読み、他の塾には一切通っていません。読書開始から二カ月で言語能力は小学6年生レベルにまで上がり、四カ月後の学校の試験の平均を64点まで上げています。本もだいぶ読めるようになっていました。もしも、このまま続けて中3の一学期を過ごしたら、中3レベルまで言語能力を引き上げられたでしょう。平均80点台は無理でも70点台には楽に到達できたはずです。強制的で生徒にはつらい方法ではありますが、確実な効果があります。原理はシンプルです。本を字面だけ追わず、一文一文確実に理解しながら読むこと。ヒョンギュは本を理解しながら読み、それで言語能力が上がり、成績も上がりました。それがすべてです。

短期間で大きな効果を得る「反復読書法」

小学校高学年から中高生までの読解力不足を改善する方法は大きく二つあります。**一つは自分の言語レベルに合った本をたくさん読む「レベル読書法」、もう一つは自分の年齢向けの本を理解できるまで繰り返し読む「反復読書法」です**。いずれの方法も目標は同じ。子どもに実際に本を読ませること、文章を読んで内容を読み解くプロセスを実行させることです。

レベル読書法は、自分の言語能力に合った本から始め、実年齢に向けた本まで順々にレベルを上げていく方法です。中学3年生でも言語能力が小3であれば、小3向けの童話十冊を精読したあと、読書忠実度テストをします。三冊以上で満点が取れたら、次の段階の4年生レベルの本に進みます。このように本のレベルを上げていき、中3レベルの小説まで読みます。この方法は相対的に実行は容易ですが、時間がかかるという難点があります。また長い期間にわたるため、途中で子どもの緊張感が低下しがちなことも問題です。中学生以上より、比較的時間に余裕のある小学校高学年に向いています。

一方、**反復読書法は、言語能力のレベルがどうであれ、自分の年齢向けの本を読んで理解する方法です**。言語能力が小3でも、中学3年生には中学3年生レベルの本を読ませます。自分の言語能力に比べて読む本のレベルが高いため子どもは大変苦労しますが、その代わり短期間で大きな効果が期待できます。

繰り返し読むと物語のパターンに慣れる

読解力の足りない子は年齢相応の本を読みこなせません。内容の論理や文章の量、情報量が自分の能力を超えているからです。そのため本を一冊読んでもかなりの部分の内容を取りこぼします。何冊読んでも、生かじりで十分に理解していない読書が繰り返されるだけです。反復読書法は、この悪循環を断ち切ります。

たとえば読解力の低い小学4年生がエーリヒ・ケストナーの『ふたりのロッテ』（岩波書店）を読んだとしましょう。1回目の読書で、この子は物語の相当部分を読み落とします。同じ顔の二人の女の子が偶然出会ったことは覚えていても、どこで会ったかは覚えていない。二人が別々に育った双子だということはわかっているが、なぜ離れ離れになったかはわからない、といったありさまです。ただ、断片的とはいえ一定量の情報は頭に入っています。この状態で最初からまた読むと、1回目に逃した部分が見えてきます。「あ、二人は夏の林間学校で出会ったのか」「両親は性格の違いで別れたんだな」というふうに、抜けたパズルがはまってくるのです。3回目も同じ現象が起こります。2回目に見えていなかったことがまた見えます。繰り返し読めば読むほど、本への理解は深まります。それまでしたこともなかった本当の読書、本を読んでその内容を理解する読書を経験するのです。

本当の読書経験の威力は、次に読む本で早速発揮されます。反復読書法によって『ふたりのロッテ』をきちんと理解しながら読んだ子が、同じレベルの『チョコレート工場の秘密』（ロアルド・ダール著、評論社）を読むと、『ふたりのロッテ』を最初に読んだときよりはるかにやさしく感じられ、どの子も不思議がります。これは、1回目に読むときに頭に残る情報量が増えたからです。たとえば『ふたりのロッテ』の1回目の情報量が3割くらいだったとすると、『チョコレート工場の秘密』は6割くらい。いわば本の内容をすくう網目がずっと細かくなったのです。こうして三冊ほど繰り返して読むと、子どもはまったく異なる読解力を身に付けます。もはや1回読むだけで本の内容を8割くらいは理解できるようになっています。本の情報をほとんどすくえるくらい、網目が細かくなっているのです。

反復読書法がこんなに威力を発揮できる理由は、本の内容を完全に把握するだけにとどまらず、物語の構造がわかってくるからです。文学書はプロットという、建物で言えば骨組みに当たる論理構造を持っています。物語ごとにプロットは異なりますが、主人公が苦境に立ち、それに立ち向かい、ついに乗り越えたり乗り越えられなかったりするという、基本的な動きは似ています。たとえば次のとおりです。

『春香伝』（許南麒訳　岩波書店。朝鮮を代表する古典文学）
春香《チュニャン》が夢龍《モンニョン》と恋に落ちる。（状況の提示）→夢龍が科挙《かきょ》に合格して去り、卞《ピョン》官吏が赴任する。（苦境の開始）→卞官吏がそば仕えを要求し、拒否した春香が牢屋に入れられる。（苦境の強化）→裁判の日、暗行御史《アメンオサ》という役職についた夢龍が春香を助け出す。（苦境の終結）

『ふたりのロッテ』
ルイーゼとロッテが出会う。二人は赤ん坊のときに別れた双子である。（状況の提示）→再び家族になりたい二人は、お互い相手になりすまして家に帰る。ロッテはルイーゼの家に、ルイーゼはロッテの家に。（苦境の開始）→子どもの入れ替わりを知らない父

と母は、子どもの性格が変わったことを不思議がる。（苦境の強化）↓二人の活躍で父と母は再婚する。（苦境の終結）

物語は多くが（状況の提示）↓（苦境の開始）↓（苦境の強化）↓（苦境の終結）という四つのかたまりでできています。異なる本を何冊も読むより同じ本を繰り返して読むほうが、この四つのかたまりを迅速かつ容易に吸収することができます。わざわざ覚えるのではなく、同じ本を何度も読むことで、そのパターンにおのずと慣れていくのです。そして他の本を広げたとき、この吸収されたプロットが作動します。子どもは本を広げる前に「主人公がどんな苦境に立たされるのか」に興味を持ちます。本を読みながら苦境の種類がわかれば「これからどうなっていくのだろう」と続きを知りたくなり、苦境が強化すれば「どうやってここから抜け出すのか」と気になります。物語の構造を知ればこうしてストーリーの脈絡を類推しながら読めますし、文学作品を読むことが容易になり、はるかに楽しくなります。

子どもの頭が良くなる読書法 5

読解力不足を克服する、小学校高学年、中高生の読書法

◎読書レベルを上げるステップ

❶ 対話する

勉強と言語能力の相関関係を説明し、本を読む理由をはっきりと理解させます。小学校高学年から中学生以上の子どもには、なによりも読解力と成績の相関関係を理解させることです。

❷ 本を選ぶ

小学校高学年の場合は読みやすく楽しい長編童話、中高生の場合は青少年向け小説を一冊選びます。

❸ 導入部を読む

長編童話や青少年向け小説は分量が多いので、読解力不足の子は一気に最後まで読めません。1章に相当する部分を読ませます。**一度の読書では理解できないことが多いため、少なくとも3回繰り返して読みます。**

❹ 導入部の内容を把握できたか確認

導入部の内容を話させます。内容をきちんと把握できていなかった場合はもう一度読ませます。まったく**把握できていない場合は、筆写も並行して行います。**

❺ 次の部分を読む

導入部の内容を正しく把握したら、そのあとの部分を読ませます。このようにして最後まで読みます。

❻ 次の本を決めてステップ❸〜❺を繰り返す

同じやり方で五冊読みます。

第1部
初級編

第6章

子どもを読書家に育てる第一歩——幼児期の注意

頭の良い子が育つフィンランドの読書教育

勉強ができるようになるための最も確実な方法は、本をたくさん読むこと、つまり本書でいう読書家になることです。これは大韓民国の一介の読書教育家が一人で騒いでいる主張ではありません。本をたくさん読む子を育てることは世界の教育先進国が目指す、教育の「グローバルスタンダード」です。私たちだけがこの事実を軽視しているのです。

フィンランドが世界最高の教育大国になったのは、行き過ぎとも思える読書教育のおかげです。学校は読書のために存在する、といっても過言ではありません。

また、ユダヤ人は世界人口の0・2％でありながら歴代ノーベル賞受賞者の22％、アイビー・リーグ（米国北東部の八つの私立大学の総称）卒業生の30％を輩出していますが、その教育の中核は読書とディベートです。米国は「全米読解委員会（NRP：National Reading Panel）」を組織して学生の読解力向上のために力を入れています。

また別の教育大国である日本も、文部科学省が主導して読書活動推進の取り組みを行っています。これらの教育的取り組みの核心はただ一つ。どうすれば子どもたちに本を読ませることができるか、どうすれば本を愛する子に育てることができるか、です。

私は**幼児期における最高の教育とは、子どもと一緒に楽しく遊び、「一日1回絵本の読み聞かせ」をすること**だと思います。一日1回、子どもに「本を読んであげようか？」と声をかけてください。そして子どもが望む本を、子どもが望むだけ、楽しく読んであげてください。これ以上でも以下でもなく、ただこれだけです。

この話をすると、ほとんどの親はとんでもない、という顔をします。たったそれだけでこの熾烈な受験戦争を勝ち抜けるはずがない、というわけです。無理もありません。4歳になったらハングルを教え、5、6歳から英語と算数の勉強を開始し、テコンドーやピアノ、絵画教室に通わせるのが韓国の平均的な幼児教育です。こうした現状の中で一日1回絵本の読み聞かせなどと言われたら、あまりに現実離れしていてあきれるでしょう。ところが、韓国の教育の現状という垣根を越えた瞬間、話はまったく違ってきます。

ヨーロッパの教育先進国は早期文字教育をタブー視

フィンランドをはじめとするヨーロッパの教育先進国の乳幼児は、何かを学んだりしません。子どもたちはほとんどの時間を遊んで過ごします。**フィンランドの幼稚園の先生がすることは、遊ぶ時間と場所を決めてやり、子どもたちが安全に遊べるよう見守ることです。**

たとえば冬に外で遊ぶなら、子どもたちにそりを渡し、雪の積もった幼稚園の裏庭で遊ばせます。そりに乗ろうが雪だるまを作ろうが、子どもの自由です。先生はプールの監視員のように子どもたちを見守ります。子どもが助けを求めたり事故が起きたりしない限り、先生は遊びに干渉しません。時間になると子どもたちに遊びの終わりを知らせ、そりを元の場所に戻させて、園内に入ります。食事の時間と昼寝の時間以外、ほぼこのようなやり方です。遊んで遊んで、また遊ぶのです。時には工作をしたり、即興演劇遊びをしたり、先生が絵本を読んであげたりはします。しかし、それも学びが目的ではありません。学ぶことがあるとしたら、せいぜい天気の良い春や秋に自然観察をしたり、週に一度近くの体育館に行って体操を習ったり、交通安全指導を受けるくらいです。家に帰っても大して変わりません。子どもたちは遊び続けます。

教育として両親がすることは、子どもが求めたら本を読んでやり、図書館に一緒に行くだけです。読み聞かせは子どもがやめたいときに終了します。10分で終わることもあり、1時間続くときもあります。

韓国の親からすれば、この子たちは放置されているのと同じです。学習と呼べることを何ひとつしていないのですから。しかも学習していないどころではありません。フィンランドは就学前の子どもに文字を教えることを、法で禁じてきました。ここでいう文字とは英語などの外国語ではなく、母国語のフィンランド語のアルファベットです。フィンランドだけではありません。**ヨーロッパの多くの教育先進国が早期の文字教育をタブー視しています**。ドイツの小学校就学通知書には、「あなたのお子さんが入学前に文字を習得すると教育課程において不利となることがあります」との警告文がはっきりと書かれています。

早期教育は子どもの脳を破壊する

親が、子どもに早期教育をさせる理由は単純明快です。簡単に言うと「多くを教えれば多くを知り、多くを知ればよくできる」と思えるからです。特に英語は言語であるため、幼いときに始めるほど有利だと考えられています。ここに「今始めなければ」と恐怖をあおる教育ビジネス業界のマーケティング戦略、さらに他の子に後れを取りたくないという競争意識が加わって、非常に確固とした心理的、理論的な基盤が形成されています。

短期的には目覚ましい効果が上がることもあります。3歳の子どもがハングルを読み、5歳の子どもがフォニックスで英語を読みます。投資すれば結果は出るのです。もしも教育課程全般にわたってずっと威力を発揮し、子どもに害を及ぼさないのであれば、早期教育をやめる理由はまったくありません。しかし問題は、なかなかそうはいかず、むしろ正反対であることです。

まず、**早期教育が子どもの脳を破壊するという研究結果が数多くあります**。韓国脳研究院の初代院長ソ・ユホン教授は、早期教育の危険性について次のように述べています。

「乳幼児の脳は、神経回路が完全に発達していない、非常に未熟な状態です。許容量の小さい電気回路に過剰な電流を流すと過負荷となるように、過度の早期教育は過剰学習によるストレス症候群、うつ病、愛着障害を引き起こすことがあります」

つまり**早期教育とは、まだ組み立てが完了していない車を運転して高速道路を走るのと同じことです**。これはソ教授だけの主張ではありません。世界の脳科学界が定説と認め、多くの研究によって実証された主流の理論です。脳科学は「乳幼児期は勉強する時期ではない」と釘をさしているのです。

人間の脳は、大きく三つの層でできていると言われています。これは「三位一体脳《さんみいったいのう》」と呼ばれ、米国の神経学者ポール・マクリーンが1950年代に提唱した理論です。最初の層は、脳の最も内側にある脳幹です。「生存の脳（survival brain）」、または「爬虫類脳（reptilian brain）」と呼ばれる部分で、心拍や呼吸といった最も基本的な生命活動を担当します。脳幹は、母親の胎内にいる間にほぼ完全な形で成長します。二層目は脳幹を取り囲む大脳辺縁系で、「哺乳類脳（limbic brain）」と呼ばれる部分です。喜び、悲しみ、怒り、恐怖などの感情や、好き嫌い、短期記憶などを司り、6歳までに集中的に発達します。三層目は大脳皮質で「人間脳（thinking brain）」と呼ばれる層です。知能、思考、言語を担当します。0歳から発達しますが、7歳になるころにある程度成熟します。

マクリーン説をまとめると次のとおりです。「脳には生命維持に必要となる力が生まれながらに備わっており、6歳までに感情、情緒力を集中的に発達させ、7歳になったころに学習を行える基本的な準備が整う」。

乳幼児期は感情や情緒の発達において非常に重要な時期でありながら、学習をする準備は整っていない時期です。この時期に勉強をさせるのは、前述したように、組み立てが終わっていない車を運転して高速道路を走るようなものです。すると何が起こるでしょうか？　車輪があり、エンジンがあるので、低速でも走ることは走れます。3歳児でもハングルを読み、アルファベットを覚えることもできます。うちの子は他の子よりも先に進んだ、とここで親は勘違いしますが、子どもの脳では正反対のことが起こっています。準備ができていない知能を使うことは相当な痛みを伴います。そのため、このとき子どもの脳ではコルチゾールというストレスホルモンが分泌され、記憶を司る脳の部位である海馬の成長を妨げます。乳幼児期の勉強は脳を発達させるのではなく、むしろ妨害するのです。

強い学習ストレスが続くと、子どもの脳は元に戻せない損傷を受けます。実際、英語や読書の英才教育を受けているうちに、反応性愛着障害（不適切な環境で育った子どもが、人と目を合わせず抱きついたり、逆らったりする不安定で複雑な行動態様）の症状を示す子どもは多くいます。様々な教育図書や研究報告書、ドキュメンタリー番組が、その痛ましい事例を告発しました。高度な早期教育のために反応性愛着障害を示した子は、友達と会うことを拒否し、感情を制御できず、無気力で、自分だけの世界から出ようとしません。症状が現れるのは早ければ4、5歳、遅ければ小学校高学年です。一度症状が出れば勉強どころか日常生活すら難しくなります。これについて専門家が指摘する原因はみな同じです。幼いころから続いた過度の学習ストレスが、大脳辺縁系に損傷を負わせたというものです。脳の断層撮影の画像によって確認できる、明確な損傷です。

文字にうんざりさせてはいけない

学習強度を下げたとしても、問題が生じないわけではありません。反応性愛着障害の症状よりも弱いながら、はるかに多くの子どもが苦しむ症状に「ハイパーレクシア（過読症）」があります。**ハイパーレクシアを患う子どもたちは文字を読む能力は優れている半面、文の意味を把握する能力は劣っています。**『三びきのこぶた』（福音館書店ほか）を声に出してすらすら読めますが、自分が読んだものがどんな内容なのかはわかりません。極端な読解力不足、読み取り障害状態です。ハイパーレクシアによってカウンセラーを訪ねる子どもは日々増え続けています。主な原因は、大きく三つあると言われます。早すぎる文字教育、習慣的なテレビ視聴、過度のスマートフォン使用。世界中で、この三つを最も行っているのが韓国の幼児です。ハイパーレクシアでカウンセラーを訪れる事例が多くなるのもうなずけます。

それならば学習強度を低くしたら、どうなるでしょう？　反応性愛着障害やハイパーレクシアにならない程度に学習させれば、問題ないでしょうか？　実際にも、反応性愛着障害やハイパーレクシアを患う子どもより、そうでない子のほうがはるかに多いのが現実です。他の子ほど勉強させていないと自負する親もいますし、うちの子が通っている教室は遊びの形態をとっているから大丈夫と思っている方もいるでしょう。しかし、実はそうではありません。韓国ではカウンセラーを訪ねる子どもは日増しに増加しており、主な症状は学習への無気力と言語能力の低下です。机の前に座りはしますが、勉強はしません。教科書を正しく読めないケースもあります。この子たちの症状は病的ではありません。ただ異常なほど無気力なだけです。医療機関に相談していないもっと多くの子どもたちも、程度の差があるだけで同じような症状を見せています。塾の先生の説明を聞き、勉強もしますが、態度は極めて受動的です。自分が知っていることと知らないことの区別ができず、学習計画も自分で立てられません。一人で教科書を読んで理解する能力も劣っています。「話し始めてすぐにハングルを学んだ子は、本を嫌う場合が多いです。文字にうんざりしているんです」

KBS放送のドキュメンタリー「本を読む大韓民国、読書革命」に出演した心理療法士の発言は、韓国の読書教育がなぜ成功しないのか、公教育がどうして崩壊寸前に追い込まれているのかを明らかにしています。

乳幼児期に早期教育を受けさせれば、子どもが賢くなったように感じられるでしょう。しかし、それは錯覚にすぎません。子どもは最終的に学習に無気力になります。その時期が小学校高学年なのか、中学なのかが違うだけです。読んで理解することを嫌い、嫌いなのでますますできなくなります。勉強と言えば塾の講師を眺めるだけ。やる気や達成感も感情であり、感情は大脳辺縁系から表出されます。大脳辺縁系の性能が低下した子は、意欲も達成感もなかなか感じることができません。ヨーロッパの教育先進国が早期の文字教育を制限し、乳幼児期の学習をタブー視しているのは、まさにこのためです。

「読み聞かせ」のすごい効果

米国の著名な読書教育家であるジム・トレリースは、子どもの学習能力に読み聞かせが大きな影響を与えると主張しています。幼児に絵本を読み聞かせることの効果は想像以上です。

それでは実際にどう読めばよいのか、具体的な方法を見てみましょう。

子どもが読みたい本を選び、トコトコ走ってきます。子どもを膝に座らせて本を開きます。子どもが持ってきた本は『だめよ、デイビッド！』（デイビッド・シャノン著、評論社）としましょう。やんちゃなデイビッドがいろいろなことをしでかし、お母さんに叱られるという内容です。

お父さん（またはお母さん）は子どもに本の表紙を見せます。表紙には、男の子が今にもテーブルの上の金魚鉢を落としそうな絵が描かれています。お父さんは怒った声でタイトルを読みます。

「だめ、デイビッド！」

子どもはドキッとします。「だめ！」は、普段お母さんやお父さんからよく言われていますから。しかし、おびえているわけではありません。本を読む親の声は大げさでいたずらっぽいし、怒られているのも自分ではなくデイビッドです。子どもはにっこり笑うか、「だめ、デイビッド！　どうしてそんなことするの？」と、自分も同じようにデイビッドを叱ります。いつもは怒られる側ですが、今この瞬間だけはお母さん、お父さんのようにデイビッドを叱る立場です。

「デイビッドはどんな気持ち？」

お父さんが聞くと、

「きっと悲しい。怒られてるから」

子どもは自分が怒られたときのことを思い出して答えます。親の立場でデイビッドを叱りながらも、デイビッドの気持ちを思いやっています。

「じゃあ、パパやママはどうしてデイビッドを叱るの？」

「いけないことをするから」

子どもは、怒っている親の立場も考えます。デイビッドはことあるごとにいたずらをし、そのたびに叱られます。デイビッドが叱られる理由は、普通の子が叱られる理由と変わりません。子どもは内心ひやひやします。あんなことばかりして、本当に嫌われたらどうするんだろう、とひそかに心配になります。

「さあ、こっちにおいで」

お父さんは優しい声で最後のところを読みます。

「よしよし、デイビッド。だいすきだよ！」

絵本の中のデイビッドは、母親に抱かれています。本を読んだお父さんも子どもを抱きしめます。子どもはへへ、と笑います。

「ぼくもだよ」

以上です。大したことはしていないでしょう？　ところが、この大したことのないような行為が、子どもを劇的に成長させます。まず**絵本の読み聞かせは、子どもの大脳辺縁系を発達させる最も効果的な方法です**。身長が伸びる時期によく食べよく眠ることが重要であるように、大脳辺縁系が発達する時期には、大脳辺縁系の成長を促す活動を多くすることが大切です。具体的には**愛情のこもったまなざし、親しいスキンシップや会話、一緒に遊ぶことなどです**。絵本の読み聞かせには、大脳辺縁系を発達させるあらゆる行為が集約されています。子どもは親の懐《ふところ》に抱かれて本を読み、親の大げさな演技から様々な感情を感じ取り、自らも演技者になって演技をしたりします。

この基本的なメカニズムは、子どもに幸福感を与えます。子どもは親に愛されていることを全身で感じ、愛と思いやり、関心を持たれているという幸福感の中で、話の中の人物たちの感情を受け止めます。しかも、じっと座って感じるのではなく、自分も演技者として話に飛び込み、演技しながら感じるのです。自分以外の人の心を進んで理解する経験であると同時に、自らの心を表現する行為でもあります。その過程で人の心をより深く理解することになり、表現力も飛躍的に成長します。

子どもが一冊の絵本を一度だけしか選ばないことはまずありません。面白いと思った絵本は、何度も何度も読むことになります。**同じ本を何度も読むときは、違ったやり方で読み聞かせましょう。絵を使って簡単なクイズをしたり、本を読まずに会話したりします。**

その間に思考力や観察力、語彙力、創造力がつき、物語の構造も習得していきます。なによりも素晴らしい点は、これら成長の効果が楽しく嬉しい中で表れることです。たくさん本を読み聞かせてあげるほど、子どもは本が好きになります。本は親と一緒にいた幸せな思い出であり、わくわくする話でいっぱいの楽しい遊びだからです。

教えないほど多くを学ぶ

フィンランドをはじめとする教育先進国の子どもたちは、こうして本を愛する心を養って学校に入ります。一見すると韓国の子たちよりずっと遅れているように思えるでしょう。韓国の子どもたちはハングルはもちろん、アルファベットの読み書きもでき、足し算引き算もでき、図鑑をたくさん読んでいろいろなことをよく知っています。これに対しフィンランドの子どもたちはフィンランドのアルファベットを知らず、足し算引き算もできず、あまり物知りではありません。先んじている点といえば、本が好きということだけです。

韓国の子どもたちは小学校だけでは足りず、放課後は多くの塾を回って、また学びます。フィンランドの子どもたちは、学校に行っても韓国のような勉強はしません。その代わり、本について学びます。**フィンランドの学校には、まず図書館の司書が行う本の授業があり**

ます。生徒たちに本を読んでやり、良い本の選び方、本を面白く読む方法などを教えるのです。授業は司書が教えた読書法をもとに行われます。先生は授業の課題を出したあと生徒たちを図書館に連れていき、関連本や雑誌、新聞などを自分で探し、読むよう指導します。生徒たちは読んだことについて発表し、話し合います。ほとんどの授業がこのやり方です。読書が授業であり、授業が読書なわけです。

フィンランドの有名な教育理念である「教えないほど多くを学ぶ（Teach less, Learn More）」は、このような方法で実践されています。

韓国の子どもたちが塾で英単語を覚え、算数の先行学習をしている間、フィンランドの子どもたちは学校で本を読んでいます。そして一冊読むごとに言語能力は飛躍的に発達していきます。

フィンランドは学校でテストをしないことで有名ですが、たった一つ定期的に行うテストがあります。それは読書能力の診断テストです。文章を読んで理解する能力を確認し続けるのです。そして読解力の低い生徒には別のプログラムを提供し、読解力を引き上げます。本書の内容に沿って言い換えるなら、言語能力評価を通じて勉強脳を管理する、つまり国の方策で「頭が良くなる読書法」を制度化しているわけです。

フィンランドの子どもたちはこうして培った勉強脳を利用して、宿題をせず、塾に行かずに勉強します。幼児期にハングルのみならずアルファベットまで覚えた韓国の子どもたちは、高校生になっても英語や数学の勉強に追われます。一方そのころ、自国のアルファベットも知らなかったフィンランドの子どもたちは3、4カ国語を自在に話し、学力の国際比較においてすべての科目にわたってトップレベルに入る高校生になっています。しかも勉強時間は韓国の学生の3分の1程度です。

私たちは「子どもがどれだけ知っているか」に焦点を当てますが、**フィンランドは「子どもがどれだけよく読んでいるか」に焦点を当てます。本をたくさん読む子に育てさえすれば、自力で立派に学習できることを知っているからです。**

乳幼児期の「一日1回絵本の読み聞かせ」は、読書家への出発点です。

早期教育が脳に与える影響

早期教育ブームは「脳の発達は3歳までに完成される」という理論に基づいています。0〜3歳は脳が活発に成長する時期なので、知識をスポンジのように吸収でき、さらには天才になることもできるというわけです。しかし、1980年代に示されたこの理論は、脳科学が発達するとともに時代遅れになりました。実際の教育現場での実証事例や、今日の脳科学が教えるところは明らかです。7歳以前の教育は、得るものより失うもののほうが大きいのです。**0〜7歳は大脳辺縁系が集中的に成長する時期です。子どもの脳はまだ学習する準備ができていません。脳が未成熟な状態で学習を行うとコルチゾールというストレスホルモンが分泌されます。**コルチゾールは、子どもの脳の正常な育成を妨げます。**学習強度が強く、学習時間が長ければ長いほど、脳に悪影響を及ぼします。**

症状1 低い言語能力

早期教育を受けてきた子どもの多くは、言語能力不足に苦しみます。教科書を読んで理解する能力が低いため、勉強が嫌いです。

症状2 学習への無気力

幼児期から学習を始めた子どもの多くが、勉強に興味を感じられなくなります。学習の場では、ただそこにいるだけです。

症状3 ハイパーレクシア

幼児期に文字教育を受けた子どもの間に頻繁に見られます。文を文字のとおり読むことはできますが、意味を理解できません。

症状4 反応性愛着障害の症状

幼児期に強度の強い学習を続けた場合に発生します。感情を制御できず、行動が不安定で複雑です。英語や読書の英才教育を受けた子どもの多くが、この症状に苦しみます。

子どもの頭が良くなる読書法 ⑥

本を愛する子になる、幼児期の読み聞かせ法

幼児期の読書指導の目的は、大きく二つです。一つは、本に親しむこと、もう一つは、物語の構造を習得することです。この二つの目的さえ達成すれば、理解力、語彙力は自然に向上します。二つの目的を同時に達成する最も簡単な方法は、「子どもが望むときに、楽しく読んであげること」です。これが幼児期における最高の教育です。図書館に足を運び、子どもと一緒に本を借り、その中で**子どもが面白がった本は購入しましょう。**

子どもが読んでほしがるときに読む

子どもが読んでほしがったら、**一日10分でも1時間でも必ず子どもが望むだけ読んであげます。**そのときが読書効果が最大となる「ゴールデンタイム」だからです。**子どもが自分から言わない日は「本を読んであげようか？」と声をかけてください。**

子どもに本を選ばせる

親が選ばないこと！　本の選択権は完全に子どもに渡しましょう。学習効果を考えて教養書を読ませようとしたり、全集本を順番に読んだりしてはいけません。子どもが同じ本ばかり選んだら、喜んで何度も読んでください。反復読書ほど質の高い読書はありません。

大げさに読み聞かせる

できるだけ大げさに、面白く読んでください。親がいやいや読んでいると、子どもはすぐに気づきます。

子どもがもういいと言ったらやめる

子どもがもうやめてと言ったり、集中力がなくなったりしたらストップです。そんな状態で読み続けると読書はもはや楽しい遊びではなく、ストレスの種となってしまいます。続きを読んでも効果はないので、ためらわず中止しましょう。

第1部
初級編

第7章

一人読みを阻むものは何？

本嫌いになる読書指導の失敗例

「小さいときは、本当にたくさん絵本を読んであげてたんです。それなのに小学校2、3年生になって、まったく読まなくなりました」

各地で講演をしていると、こんな話をよく聞きます。全般的に、幼児期の読書量は決して少なくないと思います。きちんと本に親しんでいる子もたくさんいます。多くの親御さんが読書教育の理論書を読み、正しいとされる方法で、熱心に絵本の読み聞かせをなさっているからです。ところが不思議なことに、ほとんどの子は成長するにつれて本から遠ざかり、中高生になると本嫌いになります。

なぜ、読書教育はなかなかうまくいかないのでしょうか？　典型的な読書指導の失敗例を見ながら、その原因を探ってみましょう。

講師になりたてのころ、ある小学生の親御さんから、個別に読書の指導をしてほしいという要請を受けたことがあります。決められた塾のカリキュラムではなく、うちの子に合わせて組まれたカリキュラムがほしい。つまり「読書家庭教師」を依頼されたわけです。そんな依頼を受けたのは初めてですし、指導していた子の母親経由の話だったこともあり、一度話を聞いてみることにしました。

話を聞く前に子ども部屋を見せてもらいました。すると一方の壁が全部本棚です。カントの『純粋理性批判』、マルクスの『資本論』、ルソーの『社会契約論』、マキャベリの『君主論』……。「子どものための」と銘打たれてはいましたが、なかなか子どもでは読みこなせない本でいっぱいでした。何冊が抜いて見てみると、すべて真ん中あたりの数ページだけ開いた跡があります。前半と後半の紙は新品のようにパリパリでした。その子は本を最初から読んでおらず、中間のページを広げては、伏せておいたのに違いありません。どうも親の目をごまかすために、読むふりをしていたようです。

「去年までは、本当によく読んでいたんです。小さいころからちゃんと読ませていましたから。ところが小学6年生になって国語の成績が落ちました。本をたくさん読めば国語の成績が上がるはずでしょう？　何がいけなかったのか……」

いつから教養書を与えていたのか尋ねると、小学校に上がる前からという答えです。童話の読み聞かせもしたけれど、主に読んであげたのは科学や社会、歴史全集だそうです。

私は今考えられるその子の読書状態を告げました。本を広げるだけで、多分実際には読んでいない。今すぐ、子どもが面白く読める児童文学書を読ませなければならないと。

「いいえ、先生。あの子は教養書が好きですよ。科学の本を読んでたくさん言葉を覚えましたし。今はわかりませんが、去年までは本当によく読んでいたんです。児童文学？　何の役に立つんですか？　勉強と関係ないでしょう」

結局、母親は私の意見に同意せず、読書の個人指導の話もなかったことになりました。

「知識の蓄積」と考えると失敗する

韓国の読書指導の失敗例には、ほぼこれと同じような傾向が見られます。**まず、学年が上がるにつれて読書量が減少します**。小学校前に読書を始め、小学校低学年のときに最多となり、高学年までにどんどん減っていき、中高生になるとほとんど読まなくなります。**第二に、速読する傾向です**。本は開くものの、実際には読み飛ばしています。この傾向は小学校高学年に特に強いようです。**第三に、子どもが読む本を親が選んでいます**。『純粋理性批判』や『社会契約論』のような本を子どもが選ぶはずはありません。**第四に、指導する読書の最終地点がしばしば学習漫画であること**です。

これらの傾向の原因は明らかです。**親も子どもも、読書を「知識の蓄積」と考えているからです。**知識なら、学校や塾で毎日いやというほど学んでいます。このうえ試験にも出ない知識を学びたい人がいるでしょうか。

読書は勉強脳を育てる最高の方法です。しかし**読書を知識の蓄積という観点から見た瞬間、読書指導は失敗してしまいます。**子どもの頭の中に知識を注入したい、という欲を捨ててください。読書指導の出発点は、読書を「楽しい遊び」と考えること。大切なのは「文章を読んで理解する経験」を重ねることです。

全集は本離れのきっかけをつくる

幼い子どもにとって、絵本は親と一緒に遊ぶおもちゃです。華やかで楽しげな絵であふれ、短い文章が書かれています。まだ言葉はわからなくても、お母さんやお父さんの声に込められたニュアンスで、子どもは絵本の世界を感じます。きゃっきゃっと笑ったり、手で絵を触ってみたりもします。誰かに教わらなくても、親は最良の読み聞かせ方を知っています。

ところが、この素晴らしい読書はやがて危機に瀕してしまいます。大体その危機は、韓国ではハングル教育とともに訪問販売の形でやってくるか、ご近所の親御さんの姿でやってきます。

「昔話の全集はお持ちですよね？」

「お子さんの年齢でしたら、そろそろ科学全集を読まなくては」

「○○出版から出た韓国史全集、すごく良かった。子どもが夢中になって、一気に五冊も読んだの」

こんなことを言われたら、誰しも自分の子だけ出遅れているような恐怖を感じるでしょう。そして年齢別に読むべき全集を次々にそろえていくことになります。昔話、世界の名作、韓国史、世界史、科学、数学、偉人伝、漢字……。種類も量も膨大です。

世界的な教育学者で心理学者でもあるミハイ・チクセントミハイは『フロー体験入門：楽しみと創造の心理学』（世界思想社）の中で、遊びと仕事はどちらも遂行する課題があり、明確な目標を持つという点から、本質的に同一のメカニズムを有すると指摘しています。**私たちが仕事に没頭できない理由は、仕事を遊びのようにできないからです**。遊びは自発的なものですが、ほとんどの仕事は自発的に行われません。遂行すべき業務と目的を人に決められたとき、その業務と目的に同意できないとき、仕事はつらく退屈なものとなってしまいます。当然、なかなかのめり込むこともできません。

読書も同じです。全集は通常、三十~五十巻で構成されています。子どもの好みに関係なく、一度に三十~五十冊の本が本棚いっぱいに並ぶのです。これらの本はすべて購入したものなので、読まなければならないという気持ちが生じます。自分の好みや自由な選択が排除されることで、子どもは読書を「決められた本を読み終える受動的な行為」と受け取ります。本棚の一画を占めた全集は、親にとっても子どもにとっても、なんとかしたい重荷になっています。

「この学年になったら、科学について知っておこう。学校の勉強ができるようになるよ」

こんな言葉が子どもの心に届くはずがありません。それでもじっと耐えて本を読むのは、親がそれを望んでいるからです。親に愛されたい、ほめられたいという気持ちが、自発的でない読書を後押しします。全集を読むことは、学校の勉強にそっくりです。全集がそうであるように、学校の勉強もまた、その年に読んで理解すべき教科書という本が子どもの意思に関係なく定められ、その教科の内容はその年齢で習得する知識でいっぱいです。

「うちの子は全集を楽しく読んでいます」と言われるご両親はたくさんいます。実際に未就学児の中には、全集をよく読む子もいます。しかし全集を基本とした読書はなかなか持続しません。全集の読書は本質的に勉強の性格を帯びているため、学習が難しくなる小学校中学年になると、子どもは本に手を伸ばさなくなります。勉強は学校や塾ですでに十分しているのに、そのうえ本まで読みたくありません。読書は勉強に勉強を重ねる、やりたくない仕事でしかないのです。

学習漫画にはまったら読書人生は終わり

子どもたちは、児童文学書は面白いけれど、知識が得られないので意味がないと感じます。しかも、もっと面白いものが周りにいっぱいあるのに、あえて児童文学書で余暇を過ごす理由もありません。この本を読めと親に押し付けられたら、ざっと速読で読んですませます。時には親が強要しなくても読むことがありますが、本を読めば親の小言を避けることができ、うまくいけばほめてもらえるからです。実質的には、すでに読書の時間がゼロの状態に突入しています。

両親も同じです。学年が上がるほど子どもは本を読もうとしなくなるため、読書指導はとても大変です。かといって児童文学を読ませるのは知識が得られず無意味に思え、教養書を読ませようとすると子どもは断固として抵抗します。どうにか読ませたところで内容を理解できず、特に知識を吸収した様子もありません。そこで代わりに与えるのが学習漫画です。「読書イコール勉強」という観点から見れば、むしろ学習漫画のほうが教養書よりも良いように思えます。楽しそうに読んでいるし、読むと専門用語を口にするので何かしら身に付いたように感じ、なんとなく賢くなったように見えます。

学習漫画は本を読ませたい親と読みたくない子ども、そして本を売りたい出版社の三者談合の成果物です。学習漫画を読みふけるようになったら、読書家としての子どもの人生は終わったと見てもよいでしょう。学習漫画は薄っぺらな知識を習得させることで、知らないことを知ったと勘違いさせます。すべてわかったという傲慢《ごうまん》が子どもの心に根付いたら、好奇心は消えていくしかありません。好奇心が消えれば教養書を手にすることもなくなります。さらに絵が中心の学習漫画ばかり読んでいると、文字を読むことが面倒になります。好奇心が消え、文字を読むのがおっくうになったら、どうなるでしょうか？　子どもの読書人生は終わりです。

本を愛する子どもに育てる二大原則

読書教育のあらゆる失敗例が、前述のような経路をたどるわけでありません。しかし大筋としては、大体このような流れです。そもそも読書教育の目的は、子どもを読書家に育てること。本が好きな子、本を愛する子に育てることです。そのためには読書生活の二大原則を守る必要があります。

▼原則① 面白く読む

最初の大原則は、「面白さ」です。子どもが小学生でも中高生でも、この本はうちの子に知識を授けてくれるだろうか、という考えは一切捨ててください。そうした目的意識が入り込んでくると、読書はますます学校の勉強に似てきます。**読書が学校の勉強に似てき始めた瞬間、読書教育は破滅への道に入ったも同然です。**重要なのは、面白く読むことです。興味のままに読むよう、子どもを放っておいてください。

▼原則② 読書が最優先

第2の大原則は、「読書が最優先」です。 子どもの教育においては、読書を最前列に置いてください。平均以上の勉強脳さえ備えていれば、小学校高学年か中学校から始めても遅くはありません。算数も同様です。わざわざ塾に通わせて時間とお金、エネルギーを浪費することはありません。どうしても心配なら、学年に合った問題集を一冊買って解かせれば十分です。

ぜひ子どもと一緒に、頻繁に図書館へ足を運んでください。 図書館で本を読んでも、本を借りてきてもよいのです。本を選ぶときは勉強させようという考えは捨て、子どもがどんな本を面白がるかだけを考えてください。**子どもも本を選び、親も本を選んでみましょう。** 親が選んだ本を子どもにも見せてあげます。「この本、面白いかも。どう思う?」。図書館を出るときは、子どもが好きと言った本、子どもが選んだ本を手にしています。これで一週間に読む本は確保できました。読み聞かせるうちに、子どもが特別好きな本が出てくるでしょう。そのような本は買い求めます。十分元は取れます。表紙がボロボロになるまで、何度も読むことになりますから。

一人読みへ導く方法

第4章で私は、子どもが小学生の間に3回の「読解危機」を経験すると述べました。第一次危機は絵本から文字の本に移るとき、第二次危機はやさしい児童書から中学年向け児童書に移るとき、第三次危機は中学年向け児童書から高学年向け児童書に移るときに訪れます。中でも**最もやっかいな時期が、絵本から文字の本に移る第一次危機です**。やさしい字で書かれた児童書をたくさん読めば中学年向け児童書が楽に読めるようになり、中学年向け児童書をたくさん読んでいれば高学年向け児童書は容易に読めます。しかし絵本をたくさん読み聞かせたからといって、やさしい字の本が必ず読めるようになるわけではありません。絵本と文字の本はまったく別の種類の本だからです。

まず、形からして違います。小学2、3年生向けの児童書は絵本よりサイズが小さく、文字が多く、全ページに絵が入ってはいません。子どもが自分で本を読む「一人読み」ステップに入っていれば安心ですが、そうでない場合、親の不安は増すばかりです。小学2、3年生ならもう一人で本を読んでもいいころなのに、うちの子はいまだに読んでもらいたがる。一人で読ませてみても、何ページかいじくり回してやめてしまう。そこでしかたなく読んであげますが、気がかりでしかたがありません。他の子たちは一人読みをしているのに、このままでは4、5年生になっても読み聞かせることになるのかと心配になります。一人読みをいつ、どのようにさせればよいのかがわからないのです。

いきなり文字中心の児童書を読ませない

一人読みへの移行を成功させるには、まず小学1年生の時期をうまく送ることが重要です。親は子どもが小学1年生になると、すぐに文字中心の児童書を読ませようとする傾向があります。絵本は就学前の幼児が読む本、児童書は小学生が読む本という固定観念があるためです。この考えそのものは間違いではありません。ただし小学1年生の子どもは、やっと今自分で読み始めたという点を考慮する必要があります。この年齢では、まだ読字の基本的なメカニズムが自動化されていません。文字という記号を読み、その記号を組み合わせた単語の意味を理解し、単語を連結して文章の意味を解釈する過程がスムーズではないのです。そんな状態で本まで高度になれば、子どもは何倍も難しさを感じ、読書が苦痛になってしまいます。

むしろこの時期は、子どもがこれまで読んできた絵本を読むことが効果的なことがあります。暗唱できるくらい読んであげた絵本でもよいですし、小学1年生にはやや短いかな、と思える本でも大丈夫です。文字を理解するプロセスの負担を縮小しつつ、適切な読書量を維持できればどんな本でもかまいません。

本を読む時間は一日に30分から1時間

子どもによってばらつきはありますが、**一人で本を読む時間は概《おおむ》ね一日に30分から1時間くらいが適当です**。こうして一、二カ月もすれば読字のメカニズムは自動化され、小学1年生向けの児童書も読めるようになります。しかし、ここですぐに文字中心の本に移行するのはよい方策ではありません。絵本の段階で十分な読書量を積むほうがはるかに効果的です。一冊一冊をすらすら読むことで読む楽しさや自信を覚えられますし、絵本を読みながら培われた確かな基礎（語彙の増加、背景知識の向上）が、これから本を読んでいくうえで大きな助けになるからです。

絵本を使い読書量を積む

小学1年生は、読字のメカニズムを自動化する時期です。この時期に大切なのは、**一人読みの訓練をしながら「表音解釈→意味解釈→意味連結→第二次意味連結」の過程を一つのセットにすることです。**厚い児童書を読むことは、この目的には合っていません。親しみやすく薄い絵本を使って、十分な読書量を積むことが最善の方法です。絵本ばかり読み続けていいの？　と不安にお思いでしょうか。絵本の読書量がある程度蓄積されれば、自然と文字の本に移っていきますので、そのような心配は無用です。

読めない場合は「導入部の読み聞かせ」

小学2、3年生になったのに子どもが児童書をまともに読めない場合は、前に述べたように、「導入部の読み聞かせ」が効果的です。この方法は、志のある先生がしばしば使う方法でもあります。授業開始前に、毎日10～20分程度の時間を割いて本を読んであげます。物語が終わっても終わらなくても、決まった時間になったら読み聞かせは終了です。そして次の日になったら、他の本を10〜20分読みます。こうして**毎日本の一部だけを読み聞かせるうちに、小学校低学年の教室に驚くべき変化が起きます**。休み時間に本を読んだり、本を買ってくれと親にせがんだりする子どもが出てくるのです。**日本で始まった「朝の10分間読書運動」のしくみもこれと似ています**。朝の10分間の読書は、一日10分の読書で終わりません。どうしても続きが気になって、休み時間にも本を読むようになるためです。

子どもによって差はありますが、導入部の読み聞かせをしてあげる時期はそれほど長く続きません。少なければ三、四冊、多くても十冊ほど導入部を読んであげていると、あるときから一人で読むようになります。子どもが文字の本を読みたがらないのは、自分には長すぎるし難しいと感じているからです。ところが後半部分を読んでみると、思ったほど長くも難しくもないことに気づきます。小学2、3年生向けの児童書を、与《くみ》しやすく感じるのです。こうして一度自信がつけば、子どもは一人で本を読むようになります。

速読はなぜ悪い？

小学2、3年生向けの児童書がすらすら読めれば、一人読みへの移行は半《なか》ば成功したと見ることができます。このあとは、着実に読み続けることが唯一の課題です。たくさん読むのもよいですが、一週間に一、二冊ずつでも効果ははっきりと表れます。一週間に一冊なら一年で五十二冊。決して少ない読書量ではありません。

問題は、この五十二冊の本をどう読むかです。読書の質が高ければ五十二冊の本を読むことによって自分の年齢より何段階も高い言語能力を獲得します。一方、読書の質が低いと五十二冊どころか百冊、二百冊読んでも大きな効果は見られません。これは読書習慣の違いによる差です。せっかく一人読みに移行できても、多くの子どもは悪い読書習慣のせいで無駄な読書をします。そして、**悪い読書習慣の99%は速読です**。一人読みを始めたあとの読書指導は、速読を防げるかどうかにかかっています。子どもはたやすく速読という悪習に染まり、一度染まるとなかなか抜け出せません。

天才たちの読書法として、速読が脚光を浴びた時期がありました。ある「速読の天才」がバラエティー番組に出演し、脅威の速読技術を披露したのがきっかけです。先天的に、写真を撮るように本を読む「映像記憶」の才能を持つ人たちがいます。あるページをちらりと見るだけで何行目に何が書いてあるかわかるという、特異な認知能力の持ち主です。このような先天的な認知能力を後天的に開発できるということが速読法の核心であり、あまたの速読家志望者の目標です。「３００ページの本を10分で読み、その内容を全部記憶できたらどんなに勉強が楽になるだろう！」と思うわけです。

本当にそうでしょうか？　正確な統計や研究結果はありませんが、私は読書教育の専門家として、速読教育を受けた人々の中に、入試や社会生活において注目すべき成果を成し遂げた例はほぼないだろうと確信しています。原理面からも、また実証的に見ても速読法で勉強ができるようになるという証拠はどこにも見つけられないのに対し、速読が有害である証拠は数え切れないほど見られるのです。

私たちは天才という言葉から、常人を超越した存在を想像しがちです。とんでもなく複雑な演算を瞬時に暗算で解いたり、数秒で本を何ページも読んだりする人は、知的にも優れていると感じるでしょう。しかしながら、こうした部類の天才たちが平凡な知能の人よりも輝かしい業績を成し遂げたという統計的な証拠は、どこにもありません。

本は思考のツールです。本の中には著者のこまやかな思いが込められており、読者は著者の思いに沿って理解し、自分の考えを代入してみます。その道のりが深ければ深いほど、すなわち「思考と感情のかたまり」が大きければ大きいほど、読者は目覚ましい成長を遂げます。1ページを数秒で読んでしまえば、そうした知的で情緒的な反応は起きません。熟考の末に何かを悟ることはできず、物語の人物に共感もできません。情報は超高速で処理できますが、共感やいきさつ、思いやりなどは超高速処理ができないからです。そこには時間が必要です。私は、速読という特別な認知能力を持った人がその天才的才能のわりに大きな成功を収めていない理由はこの点だと思います。

子どもが速読するきっかけ

子どもが速読習慣を持つようになるきっかけは大きく三つあります。まず、つまらない本を読む場合です。親や塾からの指示で面白くない本を読んでいると、読む速度はどんどん速くなります。面白くないのは興味がないからで、興味のない本は一文一文考察しながら読めません。やりたくないけれどもやらねばならないなら、さっさとやってしまうのが最善策というわけです。次に、学校以外の勉強も忙しいうえ本まで読まなければならない場合です。月曜日から金曜日まで塾のスケジュールでいっぱいなのに、さらに本を読めと言われれば逃げる算段をすることになります。遊ぶ時間を確保するためには本を読む時間を削るしかなく、したがって速読になっていきます。三つ目は、速読を能力だと思い、速く読めれば読めるほど賢いと勘違いして、得意になる場合です。速読がかっこいいと思い込んだら、もっと速く読もうとやっきになるしかありません。

「よく考えながら、ゆっくり読もう」と言う

速読とは、腕立て伏せをしているつもりで腕は曲げずにお尻だけ上下させているようなものです。これが運動になっていないように、速読も読書のようで、読書ではありません。

もちろん、私も家電の取扱説明書や事実を伝える報道記事などを読んだり、ニュースのヘッドラインを見たりするときは速読をします。**速読とは単に、魂《たましい》のない情報だけをそのまま受け取ればよいときに使える小技です。**速読の有用性を主張する一部の読書教育家の中には、速読向きの本と速読してはならない本を区別する方もいます。速読してもよい本なら、読まないほうが時間の無駄を避けられます。きっと家電製品の取扱説明書よりも価値のない、空っぽの本なのでしょうから。

子どもには、読書のための十分な時間をあげてください。**そして「よく考えながら、ゆっくり読もう」と言ってください**。そうすることで勉強脳を育てることができ、本の本当の面白さも感じることができます。声に出して読む速度より速くてはだめ、と何度も強調してください。速読はしない、考えながら読む。これを教えるだけで、子どもが速読のわなに陥ることを防ぐことができます。

自分で本を選ばせる

低学年向けの本を一人で読んで理解できたとしても、完全に一人読みに移行できたわけではありません。一人読みができるようになった小学2、3年生の子たちの多くが、次第に本から遠ざかり、高学年になるころにはまったく本に手を伸ばさなくなります。**自発的に読み続けるようになるためには、まず読書を生活の一部にすることが大切です**。読書の時間、書店や図書館に行く日などを決めておくと楽です。たとえば**「夜の8時から9時は読書の時間」「毎週土曜日は図書館か書店に行く日」**といったように。このようにして途切れることなく本を選び、読む機会を与えましょう。そして本を選ぶ力を育てます。本を選ぶ力については、あってもなくてもよい、という選択肢はありません。読書家になるためには必ず備えなければならない能力です。この力を持てば子どもは親が読ませようとしなくなっても本を読み続けますが、そうでない子はそのうち本を手にしなくなります。

本選びの力を育てることに王道はありません。本をたくさん物色して、何度も選んでみることが唯一の方法です。親がしてあげることはたった二つ。**子どもと一緒に頻繁に書店や図書館へ行くこと、辛抱強く待つことです。**

図書館で子どもに本を選ばせていると、もどかしくなることがあります。本を選びに来たのに一向に読まず、いつまで経っても決めません。この本を抜いたかと思うとあっちの本を抜き、一日中書架の間をうろつく勢いです。そこで「いつまでかかるの。じゃあ、これにしなさい」と親が選んでしまうこともあるでしょう。もちろん、そうすれば選ぶ時間は短縮できますが、その代わり本を選ぶ力は育たなくなります。

書棚を見て回る効果

読み手としての成長において、「本の物色」は必ず経るべき通過儀礼です。本を物色する時間が少なければ少ないほど成長は遠くなり、多ければ多いほど読書家への道が近づきます。本を物色するとき、子どもは書棚に並んだ本のタイトルを見ていきます。そして興味をひかれるタイトルを発見したら、その本を手にします。本の表紙を眺め、裏表紙の文字を読んだりもします。そして目次や中身をざっと見て、違うと感じたら元の場所に戻します。書棚を歩き回りながら、子どもはこの行為を繰り返します。そして本当に面白そうな本を見つけたら、その日はその本を読もうと決めます。ここで重要なのは子どもが選んだ一冊ではなく、出したり入れたりした本、ざっと目を通した何冊もの本です。次から次へと本を見ていく行為は、映画の予告編をたくさん見ることに似ています。本を物色しながら「こんな本があるんだな」と本の存在を確かめているのです。次に図書館に来るときは、書棚は前より身近なものになっています。週に2、3回図書館に通い、毎回書架を見て回っていたらどうなるでしょう？　フロア内のおおよその地図が頭の中に入り、科学の棚にはこんな本、童話の棚にはあんな本がある、とわかってきます。頭の中の本のリストが多ければ多いほど、読みたい本も増えます。また多くの本を見て回ることで、好きな本を選べる確率も上がります。初めて見たときは興味をひかれなかった本がある日ふと気になったり、学校の勉強をしていて関連本のタイトルを思い出したりもします。

本を物色することは、子どもが本と親しむ直接的な方法です。いろいろな服を見ずにファッションセンスを磨くことができないように、多くの本を物色せずに本選びの力を伸ばすことはできません。

自力で面白い本を見つけ、読みたい本を探して読むうちに、子どもは達成感を覚えます。自分だけの読書履歴を積んでいるという事実、読書家になりつつあるという事実をうっすらと感じ始めます。

読み手としてのこのような自意識は、関心分野の拡大にもつながります。 常々書棚を見て回っていると、普段興味を持たなかった分野の本も手にすることになります。次々と探索していくうちに距離感も徐々に消え、そしてある日、決して読まないと思えた分野の本を選ぶ日が来ます。その日が来たら、もう親がすることはありません。図書館の会員カードを作ってやり、図書館で遊べる十分な時間を作ってあげれば終わりです。すると子どもは一人で本の海を泳ぎ回ります。本当の意味での一人読みをすることになるのです。

一人読みを阻む最強の敵
――スマホとゲーム

スマートフォンは、私たちの生活をがらりと変えました。中でも大きな変化として、子どもの余暇の過ごし方と言語能力の低下が挙げられます。個人差はあるでしょうが、今の小学校低学年の子どもたちの状態は極めて深刻といえます。言語能力が自分の年齢以下の子があまりにも多いのです。このままでは適正な言語能力を持つ子どもが天然記念物並みに発見困難になるかもしれません。

言語能力の低下傾向は女子よりも男子に多く見られ、より大きく表れます。性別による言語能力の差は、実際の成績にもそのまま出ています。２０１４年に発表された韓国教育課程評価院（修能試験をはじめとする試験開発研究などを行う機関）による全国学業成就度評価の結果によると、女子生徒は２０１０年以降、毎年男子よりも優れた成績を収めています。特に国語と英語の点差が大きく、中３の場合、国語の平均点は女子が男子より毎年約10点、英語の平均点は約８点上回っていました。

男子生徒の成績が女子生徒に比べて著しく低いのはなぜでしょうか? 初代iPhoneがリリースされたのが2007年、子どもたちがコンピューターゲームやスマホに本格的にはまり始めたのがちょうど2010年ごろです。

私は男子生徒の成績の低下とスマホやゲームとの間に密接な関連性があると思っています。男子は女子より深刻にスマホやゲームにはまり、その人数も多いためです。

スマホとゲームが言語能力を低下させる理由

スマホとゲームが子どもの言語能力を低下させる理由は大きく三つ挙げられます。

❶脳の神経回路が悪化

一つは、それ自体の危険性です。日本大学の森昭雄教授は、著書『ゲーム脳の恐怖』(日本放送出版協会)の中で、テレビゲームがどれほど恐ろしい結果を招きうるかを明らかにしています。

森教授は、ゲームが脳に及ぼす影響を調べる簡単な実験を行いました。まず学生四百人の脳波を測定し、その脳波に基づいて被験者を四つのタイプに分類しています。「ノーマル脳人間タイプ」「ビジュアル脳人間タイプ」「半ゲーム脳人間タイプ」「ゲーム脳人間タイプ」です。一日に2時間以上ゲームに没頭する日が一週間に四日以上の被験者の脳波は、そうでない被験者の脳波と明らかに異なる形を示しました。学習のような精神作業をするときに出てくるβ波の出現が著しく低下し、休息時に出るα波も不安定でした。つまり、**ゲームをたくさんする学生の脳は、普段高度な知的機能を担当する前頭葉が活性化されていない状態にあるのです。森教授は、このようなタイプの脳波を「認知症の状態の脳波に近い」**と説明しています。

さらに恐ろしいのは、これが一時的なものではなく、脳が物理的に変わったために発生する現象であるという点です。繰り返しゲームに没頭し続けていると脳の神経回路がそれに合わせて再編され、前頭葉を正しく活性化できない状態になってしまう、と森教授は述べています。脳の神経可塑性が、悪化の方向に発揮されるわけです。読書によって勉強脳が向上した子どもたちが再び悪化しにくいのと同じように、ゲームによって悪化した脳を元の状態に戻すのもまた困難です。脳の神経回路が物理的に変化したからです。私は生徒たち、特に男子の言語能力が低下の一途をたどっていることが、森教授のゲーム脳理論と無関係ではないと考えます。あえて科学的根拠を挙げなくても、休み時間のほとんどをゲームに費やす子がまともな知的、感情的な能力を養うことができると期待するほうが無理です。

❷ 子どもの余暇を吸い込む

ゲームとスマホが子どもの言語能力を低下させる二つ目の理由は、これが**子どもの余暇をブラックホールのように吸い込むことです**。韓国のスマホ普及率は小学校高学年で77％、中学生は95％を超えました。普及率の高さにはいくつか理由がありますが、代表的なものの一つは塾です。スマホはいくつも塾に通うことへの代償の役割をしています。子どもの立場からは「こんなに苦労して勉強してるんだから、スマホを買ってよ」となり、親の立場からは「勉強ばかりで遊ぶ暇もないんだから、スマホゲームでもしなさい」となるのです。

読書教育の観点から見れば、塾とスマホの連携は最悪の組み合わせです。平日の放課後はタイトな日程のため本を読む時間がなく、週末は塾の宿題をするのに多くの時間が取られます。やっとできた空き時間は、スマホやゲームが掃除機のように吸い込んでいきます。読書はおろか、ゆっくり物事を考えることすらできないような構造が形成されます。

このように**スマホは子どもの脳を悪化させ、余暇を全部吸い込んで、本を読んだり考えたりする時間をなくしてしまいます**。その結果、子どもの言語能力は低下しました。スマホやゲームに早く目覚めた子ほど、その程度は深刻です。こうした子は当然、中学生になって成績が大幅に下がります。言語能力が低く物事を深く考えたことがないため、ちゃんと勉強しようとしてもできないのです。ところが親にしてみればわけがわかりません。これまで他の家と同じように、教育に熱を入れてきたのですから。結局、親は成績低下に対する処置兼罰として、スマホ没収やゲーム禁止を申し渡します。そして今まで一度も見たことがないわが子の姿を目にすることになります。あんなに素直でおとなしかった子が、スマホを取り上げようとする親を腕力で阻止し、いきなり大声をあげて火が付いたようにキレるのです。このとき両親が受けるショックは到底言葉にできないほどです。

そういう子どもたちに話を聞いてみると、ほぼみな同じことを訴えます。今まで両親に言われるままやってきたという正当性の主張、それでも成績が落ちたことへの落胆と怒り、そしてスマホとゲームだけは絶対奪われたくないという危機感です。

❸ 他の楽しみを知らない

そして、この中で最も重要なのは三つ目です。**子どもはスマホやゲームの中毒になっているのです。**

最近は学校の課題すらSNSで提出し、スマホがなければ友達とのコミュニケーションも難しい時代です。こうした最先端の時代に、いつまでもスマホを禁止することはできません。しかし、あまり早くからスマホやゲームに触れさせるのは危険です。触れるのが早いほどたやすく中毒になり、ダメージも大きいからです。他の楽しみを知らないうちにスマホに夢中になってしまった子どもには、それが世界で唯一の楽しみになるしかありません。ビル・ゲイツは子どもが14歳になるまでスマホを買い与えないという鉄則を立てたといいます。スマホやゲームを永久に禁止することはできませんが、与える時期を遅らせることはできます。他の楽しみをたくさん知っている子どもは、簡単にスマホやゲーム中毒にはなりません。

子どもの頭が良くなる読書法 7

一人読み移行のための、幼児期から小学1、2年生の読書法

小学1、2年生のころは、一人読みへの大切な時期です。実質的な一人読み移行は、幼児期に両親が本を読んであげることから始まります。子どもによって差はありますが、基本的には幼児期は十分な読み聞かせをし、小学1年生は導入部を読み聞かせて、後半は一人で読ませ、小学2年生は一人で読むプロセスで行います。**それぞれのプロセスが充実すればするほど、子どもはより容易にかつ効率的に、一人読みへの移行を果たします。**

◎段階別一人読み移行方法

幼児期　絵本の読み聞かせ

毎日絵本を読み聞かせます。文字を習っても一人では読ませず、必ず読み聞かせてください。

小学1、2年生 一人読みと読み聞かせ

小学1、2年生までは一人読み準備期間です。一人読みと読み聞かせを並行させるのが効果的です。小学1年生で学年に応じた児童文学書の導入部を毎日5分前後読み聞かせ、後半は一人で読ませます。小学2年生までに一人読みへ移行します。

読書を生活の一部にするには、図書館や書店に頻繁に行くのが最良の方法です。やがて低学年向けの本を毎日一人で読むようになります。**子どもが進んで読むようになっても、読み方には細心の注意が必要です。読んだ本について、子どもと話し合いましょう。**

第2部
上級編

もっと頭が良くなる読書法

初級編で基礎を固めたら、
次は教養書を活用した読書訓練を行います。
さらなるレベルアップに役立つでしょう。

上級編を始める前に……

勉強ができるようになるための最も確実な方法は、本をたくさん読むことです。

本をたくさん読む子は、有能なスタッフを十人そろえた高級レストランのシェフのようなもの。短時間で、大した手間をかけずに教科書の内容を調理することができます。それほど難しいことではありません。

本を愛する子、つまり読書家に育てるには、教養書が三冊あれば十分です。

第2部 上級編

第1章

知識は
習うものではなく
気づくもの

大切なのは、あらゆることに「なぜ？」と問う力

読書経験の足りない、本に慣れていない子は、うまく教養書を読めません。特別に何かの分野への好奇心が強い場合を除き、文学書を用いて十分な読書訓練を行ったあとで、教養書の読書を始めたほうがよいでしょう。

文学作品を読むことは、自分を発見する行いです。作品を通じて他人の人生を代理経験することで、人間について、自分について、より深く理解できるようになります。

一方、**教養書を読むことは、世界を理解する行いです**。われわれが住む世界がどんな場所であり、なぜ今のような姿になったかを知ることができます。**つまり読書とは、「おのれを発見し、世界を理解する行い」**なのです。ところで、これは学校教育の目的でもあります。国語は人としての自分を理解する科目であり、他の科目は世界を知るために必要な科目ですから。ただ、読書には決まった境界がないのに対し、学校教育には教科書という明確な境界線があるだけの違いです。そしてまさにこの違いが、学校教育の基本的な弱点

です。

教科書は、知識伝達に適したツールではありません。限られた枚数の中に、大量の知識を入れるからです。たとえば韓国史の教科書の中には、韓国の歴史全体が盛り込まれています。**400ページにも満たない教科書に韓国史すべてを記載しようとすれば、史実だけをぎっしり羅列するしかありません。深い理解どころか、基本的な因果関係の説明すら困難です**。他の社会科系の科目や、科学系の科目も同様です。教科書は完全本ではなく、一種の知識ガイドブック、あるいは知識カタログとも言えます。その役割は「この年齢で知っておくべき知識には、こんなものがある」と教えることです。

教科書は、各章に書かれたどのトピックも完全には説明しません。「地球は丸い」という事実を教科書から知ることはできますが、なぜ丸いのかはわかりません。「突厥《とっけつ》帝国とモンゴル帝国は大陸を支配した遊牧民族国家だった」という知識は得られますが、遊牧民族がなぜ大陸を席捲《せっけん》できたかの記載はありません。

教科書に記載されている知識のほとんどは「情報」だけで、「原因」については不親切です。ところが**知識とは、原因と結果という二つの要素が対《つい》をなす構造になっています**。原因と結果が対になって初めて、知識という小さなブロックが一つ形成されるのです。

例を挙げてみましょう。

【知識のブロック 形成過程の例】

ステップ1 情報入手：地球は丸い。
ステップ2 疑問：なぜ丸いのか？
ステップ3 追跡：形成期の地球は融解状態の溶岩におおわれていた。
ステップ4 究明：地球の中心部から同じ強さの万有引力が作用する。そのため融解状態の溶岩は溶岩の球体になる。

原因と結果が対になってできる「地球は丸い」という知識のブロックは、こうして作られます。ところが、この知識のブロックは完全ではありません。知識ブロック一つだけでは知識が完成されないからです。

たとえば、「ステップ3　形成期の地球は融解状態の溶岩におおわれていた」は、また別の情報であり、新たに「なぜ形成期の地球は融解状態の溶岩におおわれていたのか」の究明が必要となります。ステップ4も同様です。「万有引力とは？」という新しい疑問が発生します。この二つの情報を調べてみると、究明が必要な他の情報も登場します。

このように、**知識は次々とつながった構造で構成されています。このつながりがどれほど長く、どれほど確かに接続されているかが、その人の持つ知識の深さとなります。**また、このように次々と知識を追跡していくと、元の場所に戻ってくる瞬間がきます。「地球は丸い」から始まり、惑星の生成原理を調べ、微惑星や流星が形成される過程を経て、恒星の生成原理や恒星風を理解し、再び惑星の生成に戻ってくるというように。一つの輪をつなげた結果、頭の中には「天体の形成」という一本の知識の木が植えられます。

このように知識の木を何本も頭の中に植え続けると、やがて知識の森ができます。頭の中に緊密な体系を成す豊かな知識の森を持つ人、その森で世界を眺め理解する人を私たちは知識人と呼びます。

「子どものうちから、知識の構造まで知らなくちゃいけないの?」という疑問もあるでしょう。私は**人が子どものころに身に付けるべき唯一の知識があるとしたら、それはまさに「すべての知識は原因と結果が対となって構成されている」という事実を深く理解することだと考えます**。すべてのものに「なぜ?」と問うことができる力こそ、子どもが持つ最高の能力だからです。

頭の中に知識処理の最先端工場が建つ

幼いころ知識の構造を習得しなかった生徒は「なぜ?」と思わず、知識を扱う方法を知りません。知識に出合うとただ覚え、絶えず情報のみ入手します。このように入手した情報は脈絡がないため、時間が経てば忘れられます。たとえ覚えていたとしても、暗記力向上以外、特に意義はありません。

勉強の側面から言うと、**知識の構造を知らない生徒は社会や科学系の成績が伸び悩みます。**知識構造への理解がなく、訓練もされていないため、丸暗記するしかないからです。時間がかかり、喜びがなく、苦痛です。たとえ丸暗記して選択問題はできても、配点の大きい記述問題には対応できません。成績を上げるためには絶対的に不利な立場に立たされます。

知識構造を習得した子どもは教科書を読むときも「なぜ？」と問い、その答えを探します。そのため非常に効率的かつ体系的に学べ、入試でも楽々と勝者になることができるのです。

勉強以外のことでも同じです。偉人や名士と言われる人々は、しばしば旺盛な好奇心を持っています。**好奇心が強いとは、原因に対して疑問を持つことです。**そして絶えず「なぜ？」という質問を投げかけます。基本的な思考のシステムが知識構造と同じ形であり、原因と結果が対になっているためです。自分の仕事を多面的に検討でき、新たな突破口も作れるようになります。

残念ながら、現在の公教育は「なぜ？」と問いかけにくい形で行われています。多くの事実を教えますが、原因についてはあまり力を入れていません。知識の基本的な構造を無視した教育をしているわけです。このような、結果だけ教えて覚えさせる教育を詰め込み教育と呼びます。詰め込み教育の最大の難点は、知的能力が発達せず、そのため入試での成功が難しいことです。しかも学校で学んだ知識は学歴を得ること以外、特に使い道がありません。これが公教育危機の中心的な原因です。

フィンランドの教育は、知識構造を公教育のシステム内に制度化することに成功しています。教科書を読んだあとで関連課題を与え、本を読むことでその課題を解決する授業や、教科書で知った情報の原因を本によって究明する授業を行い、そのたびに生徒は知識の木を頭の中に植え、木々が集まって森を形成します。

この森には、ただ多くのことを知り、理解する以上の意味があります。いわば頭の中に、知識を処理する最先端工場を建てたようなものだからです。新たな知識に接したとき、知識の森を持つ子どもはすばやく巧みに知識を処理し、整理してしまいます。

物語の構造が互いに似ているように、知識の構造も似ています。一つの知識体系を処理した子は、初めて接する分野の知識体系もやすやすと処理します。語学も例外ではありません。語学の学習過程もまた、知識の体系をなしているからです。

私の人生を変えた驚異の一冊

「先生、この本面白くありません」

「何を言ってるのかさっぱりわからない」

生徒に教養書を読ませると返ってくる反応です。進学塾の中心地大峙洞《テチドン》でも、閑静な田舎町でも同じ。面白くはないがそれなりに読めた、と答える子が十人中一人いるかいないかです。ある程度内容を把握した子となると、はるかに少なくなります。

韓国大手の論文・作文指導塾では、テキストとして教養書が多く使われます。文学書との比率は低くて5対5、高いときは7対3です。しかし実際に教養書を読みこなす子は極めてまれです。たいていは本を読まずに授業に出て、講師の説明を聞くことで読んだつもりになって終わりです。これではなんの成果も期待できません。むしろ文学作品を読むほうがずっと効果があります。

生徒たちが教養書を読まない根本的な理由は、何よりも好奇心がないことです。小さいころから「情報を知ることが知識」という誤った考えを刷り込まれているため、原因を知ろうという気がないのです。そのため教養書に興味がなく、つまらないから読まなくなり、読まないから教養書の読書による訓練もできません。好奇心もなく、教養書の読書訓練もできていない生徒に教養書を読ませるのはほぼ不可能ですが、それでもあきらめることはありません。正しく読めば、たった一冊の教養書が大きな力を発揮するからです。

私は中学生の生徒たちに、いつもこう言います。

「10回読んでも、100回読んでもいい。カール・セーガンの『COSMOS《コスモス》』（朝日新聞出版）のような本を一冊だけ完璧に読んでごらん。そうすれば名門大学に入ることができる」

これほどはっきり断言できるのは、きちんと読んだ一冊の教養書が学習能力にどれほど多大な影響を与えるか、私が身をもって知っているためです。

きっかけは『フランダースの犬』

勉強ができない子どもの気持ちはよくわかります。私自身、まったく勉強ができなかったからです。お恥ずかしい話ですが、小学校六年間クラスの底辺の成績でした。比喩的な表現ではなく、本当にずっとできなかったのです。小学校を卒業するまで英語はまったく知りませんでしたし、算数は九九も最後まで覚えられませんでした。

勉強ができない生徒は、問題をきちんと解こうとせず当てずっぽうで答える傾向があります。大人はそういう子は勉強する気がないか、反抗的なのだと安易に考えがちです。私の親や担任の先生たちもそうでした。相談しても「知能には問題ない、勉強する気がないだけ」と解釈しました。勉強する気がないから試験問題を読もうとしないのだろうと。

そんな話を聞くたび、「ぼくはほんとにばかなんだな」とがっかりしていました。私が問題を最後まで読めなかったのは、読んでも何を聞いているのか理解できなかったからです。試験問題を読めないほど低い言語能力でした。

この状態から脱することができたのは、何度かの転機によって本を読む子どもになったためです。最初のきっかけは小学5年生のときでした。あまりに勉強しない私を、両親は家の中に閉じ込めることにしました。学校からはまっすぐ帰宅、帰ったら即部屋に監禁です。そのころは塾などほとんどなく、両親もどうしたらよいかわからずに、ただ私を部屋に閉じ込めて監視する方法をとったのです。もちろん私は勉強しませんが、だからといって机とベッドしかない部屋の中で、特に遊ぶものもありませんでした。

そこでノートにこっそり落書きすることで時間をつぶしました。六カ月間毎日3、4時間落書きし続けたところ、徐々に絵の実力がついて美術の時間に頭角を現すという、笑えないことが起こりました。クロッキー大会のクラス代表最終候補三人の中に入ったのです。美術の時間に描いたクロッキーを並べ、クラス代表を選ぶ投票が始まりました。私は圧倒的な票差でトップを取ったものの、クラス代表にはなれませんでした。先生が投票結果を無視し、優等生だった2位をクラス代表にしたからです。このことだけではありません。あのころは、勉強ができない子どもの多くが差別を受け、くやしさに耐えた時代でした。講師になった今、勉強ができない生徒に出会うと、ことさら情が移って奮起するのも当時の経験からでしょう。

クロッキー事件のせいか、あまりに長く描き続けたせいか、ともかく私は落書きにも興味を失ってしまいました。もう本当にやることがありません。あるのは長い時間と、自分自身だけです。すると目に入ってきたのが、三百巻もある文庫版少年少女名作全集でした。銀行員だった父が出版社に勤めるお客さんから安値で購入したもので、それまではリビングルームを彩る装飾品にすぎませんでした。私はこっそりその本を一冊ずつ取り出して読み始めました。

最初の一、二カ月間は読んだというより、ただ見ていただけです。今思うと小学5、6年生レベルの本ですが、本など読んだことがない私には難しすぎました。最初のページを少し読んではパラパラページをめくり、楽しげな挿絵があればそのページをちょっと読むというやり方で、本を眺めていました。

そうしているうちに「人生を変えた本」、ウィーダの『フランダースの犬』（新潮社ほか）に出合ったのです。何気なく本を広げ、一気に最後まで読んでしまいました。初めての不思議な経験です。現実の世界の時間が止まり、物語の中の時間を生きてきたような気分でした。かわいそうで悲しくて目が腫《は》れるほど泣き、その悲しみから一週間は這《は》い上がれませんでした。本というものが人を夢中にさせることを、初めて実感した出来事です。

突然、教科書が理解できるように

その後、私は次々に全集を読み進め、小学校を卒業するころには三百巻をほとんど読んでいました。そして6年生の二学期のとき、不思議なことが起こりました。たった国語一科目だけでしたが、成績表に「秀（90点以上）」が付いたのです。相変わらず勉強しなかったのに、小学1年生以来見たことのなかった「秀」が私の成績表に戻ってきました。今考えるとあの三百巻の本が落ちこぼれだった私の言語能力を学年平均レベル以上に引き上げたのですが、そのときは何が起きたのかわかりませんでした。ともかく私は、少なくとも教科書を読んで理解し、本を読めるようになったのです。

第二のきっかけは、中学入学を控えた休み中に訪れました。両親は「本を読んでも飯も餅も出ない（腹の足しにならない）」という考えでしたので本は買ってくれません。私も小遣いで本を買うほどの情熱はなく、図書館が何をするところかも知らないため借りて読んだりもしませんでした。その代わり、父が毎月一束持ち帰る顧客用の雑誌やパンフレットを読んでいました。ある日、その中に一冊の薄い合格体験記を見つけました。確か、「私にもできた」といったタイトルだったと記憶しています。十二人のソウル大学（韓国トップの国立大学）合格者の体験談が載っており、一様に小学校時代、さらには中学時代まで私のように勉強ができなかったが、あるきっかけでやる気が出て、できるようになったという内容が書かれていました。一枚一枚ページをめくるごとにハンマーで頭を殴られたような衝撃を受けました。十三年生きてきた間、私は勉強ができる自分というものを想像したことが一度もありませんでした。勉強ができる子は、どこか別の場所にいると思っていたのです。ところがその冊子には、勉強ができなかったのにできるようになった人たちの話が、驚くほどの説得力を持って書かれています。「ぼくと同じような落ちこぼれが、ある日突然勉強ができるようになった。ぼくもそうなれるのでは？」という考えが浮かびました。

その本の最後に書かれていたとおりに、手帳を一冊買って目標を書きました。私の目標は「クラスで5番」です。初めて書いたときは、自分でも笑ってしまいました。六十人のクラスでいつも最下位の私が5位なんて、冗談にもほどがあります。けれども苦笑をこらえながら、昼も夜も書き続けました。「クラスで5番になりたい」「平均90点を超える」「5位になってやる」。言い方を変えながら暇さえあれば書き、また書いて、考えて、また考えました。**自分の目標を心から信じることができようになるまで書け**と、その冊子に記載されていたからです。だめでもともと、だまされたと思ってやってみたわけです。

休み中ずっと、他のことはせず手帳に目標を書き続けました。二カ月間、一日中頭の中は「クラスで5番」のことばかりです。そして、その手帳は魔法の手帳でした。新学期が始まるころには目標を達成できると思えてきたのです。登校初日、クラス分けテストで六十三人中61位だったことを知らされ、先生から軽蔑交じりの注意を受けました。関係ありません。今いくら軽蔑されようが、いずれ5番以内に入るのですから。クラスで5番以内の子もホモサピエンス、61位の私もホモサピエンス。同じホモサピエンス同士、成績の差なんてどうってことはない。教科書を全部覚えてしまえばよいのです。

私は教科書と参考書を積み上げて、学習計画表を作りました。そのとおりやれば、どんな劣等生でも教科内容をすっかり頭に入れられる計画表です。そして毎日計画表のとおり勉強しました。そのとき威力を発揮したのが、小学生のころ監禁状態で読んだ三百巻の少年少女名作全集です。試験問題を読むことすらできなかった私が、中学の教科書をどんどん読んで理解することができたのです。計画表の丸印が着々と増えるごとにわくわくしました。これは本当にできそうだと感じ、試験が迫ってくると、よしやってやるという気持ちでいっぱいでした。

最初の試験は、なんと4位。頭の中で爆竹がパーンと弾けたような気持ちでした。私は軽蔑される落ちこぼれから、クラス平均を引き上げる側の生徒になったのです。このときの経験は、私に確かな自尊心と、「努力すれば何でも達成できる」という大切な信念をもたらしました。

運命の一冊『COSMOS』

そして中学2年生の一学期の中間テスト期間中、思いがけないことが起こりました。ある夜私はトイレに行く途中で倒れ、病院に運ばれました。病名は結核性髄膜炎《けっかくせいずいまくえん》。全身に結核菌が広がり、肺や胸膜《きょうまく》ばかりか脳の炎症もひどい状態でした。完治の保証はなく、治っても後遺症が残るかもしれない。早くても完治まで六、七年かかると診断されました。高校卒業まで治療を続けるとなれば、事実上大学進学は消えたも同然です。

五カ月間入院しました。毎日30回以上抗生物質の注射を打たれ、受けた手術は3回。夜も昼もわからないもうろうとした状態が続き、何度も死にかけました。昨日まで横のベッドにいたおじさんはある日突然腹膜炎破裂でこの世を去り、病棟の廊下で何度もすれちがった脳性麻痺の女の子は徐々に弱って亡くなりました。そのときは何も感じず、ただこのつらい病院生活と痛みから抜け出したいと思っただけでした。

その死を再び思い出したのは、退院して学校に戻り、少し経ったころです。私はひびの入ったガラスコップのような扱いを受けていました。あらゆるメンバーから外され、体育はもちろん欠席、必要ならいつでも早退できます。学校に顔だけ出して病院に行く日もしょっちゅうでした。病院の建物を見るたびに、妙な気分に襲われます。同じ病室にいた人たちは、もうこの世にいない。ひどく奇妙に感じられます。そして生まれて初めて強烈な好奇心が芽生えました。

「なぜ生きものは、みな死ななければならないのだろう?」

「生とは、死とはなんだろう?」

「世界はなぜ、こんな形なのか?」

あまり物事にこだわらず好奇心を持たない私でしたが、そのとき襲われた疑問は強烈でした。何人かの大人に聞いてみたものの、つまらないことを聞くなという反応です。中学3年生になった私は、ここで初めて書店のドアを開けることになります。そして棚からポール・デイヴィスの『神と新しい物理学』（岩波書店）とカール・セーガンの『COSMOS』という天体物理学の本を選び、その二冊に小遣いを全部はたきました。タイトルと前書きが「おまえの疑問に答えてやる」と叫んでいるように感じたからです。ところが、いざ本を広げてみると、いったい何を言っているのかさっぱりわかりません。なんと私は中3と高1の二年間、この二冊を繰り返し読み続けました。『COSMOS』だけでも10回は読んだでしょう。

高1のときにまた手術を受け、短い入院のあと通院治療を続けました。自分の意思半分、周りの意思半分で大学進学はあきらめ、学校の勉強は完全に捨てた状態です。内申はなんと最低ランクの9等級でした（韓国の高校では、成績ランキングは1～9等級に分けられる）。そんな私が大学に行こうと決心したのはとても遅く、高3の夏休みを控えたころです。目前に迫ってきた卒業が突然怖くなり、修能の模擬試験や全国論述模擬試験の点数が思いのほか良かったので、挑戦しようと考えたのです。特に論述模擬試験が全国20位以内に入ったことは、自分でも驚きでした。

私は夏休みから勉強を始めました。高校3年分の遅れをたった四カ月で取り戻す殺人的なスケジュールを立て、昼夜を問わず必死に勉強したのです。みるみるうちに追いつきはしましたが、間違いなく無謀な計画です。修能試験日の朝まで勉強を続け、1時間目の国語（当時は言語領域）問題を解いている最中に鼻血が出てあわてたことを覚えています。そんな奮闘の末、内申は9等級だった私が修能試験で全国上位4％に入りました。本試験と論述試験も無事通過してソウルにある二つの大学に合格、希望していた学校に行くことができました。

私は知能指数が高いわけではありません。記憶力も良くはなく、ややそそっかしい性格でもあります。そんな私が、どうして四カ月で高校3年分の勉強ができたのでしょうか？それは『ＣＯＳＭＯＳ』を読んだからです。『ＣＯＳＭＯＳ』は、宇宙の歴史一三七億年を扱った７００ページほどの天体物理学の本です。この本には小1から高3までの全科目の教科書を合わせたよりも多くの情報量と、高3の教科書をはるかに超えた難度があります。それを10回読んだ私にとって高校の教科書はとても簡単な本であり、習得すべき知識量もそれほど多くありませんでした。

もちろん私は特殊な例で、学生時代の送り方も他の生徒と違っていました。学校の勉強をした期間は中1の一年と高3の六カ月のみ。決して手本にしてはいけませんが、それでも私のケースを紹介した理由は、教養書一冊の威力のすごさを端的に示す例だからです。

『神と新しい物理学』と『COSMOS』の他には、エーリッヒ・フロムの哲学書を何冊か読みました。読んだ教養書を全部合わせても十冊以内です。この十冊足らずの本のうち、『COSMOS』が私の知識処理能力の9割を形成したように思います。**『COSMOS』を10回繰り返して読む過程で、この本の持つ知識構造が頭に入ってきました。**これにより私の脳は神経可塑性が促され、「『COSMOS』レベルの知識体系を習得できる状態」にアップグレードされたのです。

世界的な科学哲学者であるケンブリッジ大学のチャン・ハソク教授は中学3年生のとき、『COSMOS』を何度もじっくり読んだそうです。こうした読書経験が世界的な学者としての基本的なスキルを育てたのでしょう。常識的に考えてもごく当然の結果です。高校の教科レベルをはるかに超える教養書を完璧に理解しながら読んだ子どもにとって、教科書はやさしい本ですから。六カ月かかろうと、一年かかろうとかまいません。中学校を卒業する前にたった一冊、きちんと読めばよいのです。そうすれば高校の教科書くらい、楽に理解できるようになります。最初の出だしが最悪に近かった私にも、驚くべき効果をもたらした方法です。あなたのお子さんなら言うまでもないでしょう。

教養書多読家　四つのタイプ

教養書は一冊でも驚異的な威力を発揮しますが、読書によって得られた知識はむしろ副次的な成果です。肝心なのは、膨大な分量の知識を理解し互いに接続させるプロセスにおいて、頭の中に知識処理専用の「光通信網」が構築されることです。この光通信網はパフォーマンスが非常に優れており、いったん敷設《ふせつ》されれば知識習得に際して素晴らしい性能を発揮します。一冊だけでこうなら、十冊、百冊読めばどうなるでしょうか？

実際のところ私はその答えを知りません。さらに言うなら『ＣＯＳＭＯＳ』レベルの教養書を十冊以上ちゃんと読んだ生徒すら全国に０・０１％もいないでしょう。それでもこの事例を見つけるのはとても簡単です。知力によって輝かしい業績を残した偉人級の人物たちの成長記を読めば、教養書の多読家を大勢発見できるからです。

教養書を多読する人は、私のように数冊の本を反芻するように読むのとはまったく違う方法で読書をします。同じ本を何度も読むこともめったになく、ほぼ一度だけです。それでも何度も読んだかのように、書かれた知識をほぼ完璧に吸収します。こうした怪力を発揮できるのは子どものころから教養書をきちんと、たくさん読んできたからです。幅広く確かな基礎知識、高い言語能力、知識構造への深い理解のおかげで、どんな教養書でもすらすら読むことができるのです。

教養書の多読家は、巨大なクジラが海水を飲み込むように絶えず新しい知識を取り入れます。毎日何かしら新しい知識を栄養にしなければ生きられないかのようにも見えます。その結果、彼らはよりパワフルな「光通信網」、圧倒的な知識、世界を見通す目を獲得します。このようになれば、もはや学校の勉強など物の数ではありません。教科書に出てくる知識のほとんどはすでに知っているし、たとえ知らないことがあってもすぐにわかるからです。学習という側面からは、彼らはまるで超能力者です。

韓国の学校において教養書を多読する生徒は、生息の噂は聞くけれども発見されたことのない絶滅危惧種の動物のようなものです。今の教育の現状が、彼らの生存に適していないからです。したがって私がこれから述べるのは、どこか遠い別世界の話です。もしもお子さんがまだ小さいなら、特に注意してお読みください。

教養書の多読家には大きく四つのタイプがあります。このタイプの境界線は明確ではありません。次で説明する❶のタイプが❷や❸のタイプの特徴を持つこともあり、❸や❹のタイプが❶の特徴を持つこともあります。このタイプ別分析は、子どもを教養書多読家へと成長させるのに役立つでしょう。教養書多読家に至る原理を知っていれば、子どもが多読家の資質を示したとき、その芽をつまずに育てることができます。

ここで一つ強調したいのは、教養書の多読家は、指図されてなるものではないということです。無理強いしてはいけません。弊害を生むだけです。

教養書多読家タイプ❶　活字中毒型

本の種類を選ばず、片っ端から読んでいくタイプです。図書館の書架のA列からZ列まで、一冊残らず読んだりします。発明王エジソン、マイクロソフト創業者ビル・ゲイツ、テスラCEOイーロン・マスクなどがこのタイプに属します。

図書館を征服するには、膨大な時間と情熱が必要です。小学校を退学させられたエジソンには時間と情熱があり、ビル・ゲイツは心配した父に病院に連れていかれるほど図書館で本を読み続けました。イーロン・マスクは友達が家に遊びに来ても自分だけ本を読んでいるほどの本好きで、その結果ティーンエイジャーになる前に一万冊以上の本を読破していました。どんな経緯であれ、図書館の児童書コーナーを丸ごと読んでしまうような読書をすれば、子どもは想像を超えた成長を遂げるでしょう。

図書館の児童書コーナーの書架は、大人が利用する資料の棚と同じ構造です。歴史、科学、哲学、社会、政治、文学など、あらゆる分野の本がそろっています。違うのは本のレベルを子どもに合わせていることだけです。子どもに合わせたレベル＝《イコール》幼稚という意味ではなく、難しく複雑なことをシンプルに親切に説明してあげているのです。この世に幼稚な文学、幼稚な知識などはありません。つまり**児童書コーナーを制覇することは、世界中のあらゆる種類の知識を頭の中にデータベース化することと同じです。**

子どもが図書館の児童歴史書を全読したら？

ある子どもが児童書コーナーに置かれた歴史の本を全冊精読すると仮定してみましょう。ある分野の本を何冊も読むと、その分野の知識が広く学習されます。韓国史の通史を一冊読んだ子は、韓国史のおおよその流れを理解するでしょう。ところが図書館には、韓国史の通史を扱った本だけでも数十冊以上あります。記載された内容は似ていますが、それぞれやや異なる視点、強調する箇所の違い、異なる叙述の方法で書かれています。すなわち数十冊に及ぶ韓国通史の本を読むことで、少しずつ異なった視点から見た韓国通史の知識を繰り返し学ぶのです。すると子どもは教科書を覚えて習得した知識とはまったく異なる、立体的で豊富な知識を得ることになります。

一冊目の通史の本を読むときは、あらゆることが初めてです。「檀君王倹《タングンワンゴム》が古朝鮮を建てたんだな」「高句麗《コグリョ》という国に、広開土王《クァンゲトワン》と呼ばれる人がいたんだ」と新鮮な事実に接します。つまり初めて通史の本を読むことは、韓国史という新しい知識に出合う行為、いわば「初めまして」というあいさつです。

二冊目の通史の本を読むときは、別の観点から異なった叙述の方法で、同じ知識が再び習得されます。檀君王倹が再び古朝鮮を立て、広開土王は再び北方を征服しますが、そこで一冊目の通史の本を読んで獲得した知識が強化され、知らなかった知識が新たに頭の中に入力されます。初めて読むとき知ったのは李舜臣《イスンシン》将軍が壬辰倭乱《イムジンウェラン》の際に活躍したことだけでしたが、二冊目で壬辰倭乱が起こった時期が朝鮮中期であり、五十年後に丙子胡乱《ピョンジャホラン》という戦争が起こることを知ります。韓国史の知識というパズルのピースが次々にはまっていきます。

こうして六、七冊の韓国通史本を読んだ子どもは、次の章に何が出てくるかわかるほど韓国史の知識に精通しています。そればかりか、本によって様々な視点があることも感じるようになっています。二十冊、三十冊と読み続ければ、出来事の相互関係まで細かく把握できます。頭の中に韓国通史という一つの知識体系が完全な形で立てられるのです。今やいつでも好きなときにその知識を取り出せ、さらには思いがけないときに飛び出したりもします。知識がすっかり自分のものになっているからです。これは思考の材料として知識を使えるという点で大きな利点であり、成長です。

たとえば車で漢江沿いを走っていて、遊覧船が見えたとします。道が渋滞して退屈していた子どもは、自然に亀甲船《きっこうせん》（李舜臣将軍が駆使したとされる船）を思い浮かべます。最初は漢江に亀甲船を浮かべて遊覧船を攻撃するといった想像上の遊びをするかもしれません。そうするうちにふと、亀甲船の特殊な姿に考えが及びます。「亀甲船はなぜ甲羅のようなもので覆われているのだろう？」と疑問を抱くのです。そして、「亀甲船は戦争用の船だから、当然有利に戦うためだろう。では甲羅があるとなぜ戦いで有利なのか？」というふうに、考えを広げていきます。この疑問はおのずと昔の海軍の戦闘法につながります。戦闘法を知れば、甲羅がなぜ有利なのかわかるからです。しかし、まだ昔の海軍の戦闘法を知らないため、自分の知識の範囲内で考えるしかありません。これまで見た海上の戦いは、映画『パイレーツ・オブ・カリビアン』のシーンだけです。海賊たちが遊覧船を略奪するなら、はしごやロープを使ってその船に渡るでしょう。しかし甲羅があれば、そんなふうに渡って来られません。そういえば亀甲船の甲羅には、錐《きり》のようなものが無数に立ち並んでいます。

これで確信しました。亀甲船の甲羅は、敵軍が自分の船に渡ってくるのを防ぐためのものです。思考はここからさらに続くかもしれません。甲羅のような覆いで敵を防いだということは、それだけ当時の日本軍が船上での戦いに強かったからと考えます。「なぜ、日本軍は船上の戦いに強かったのだろう?」そこで、本で読んだ戦闘の知識を頭の中で検索します。すると「中国の主な武器は槍《やり》、韓国の主な武器は弓、日本の主な武器は剣」という知識が頭に浮かびます。子どもの頭の中で、再びシミュレーションが始まります。韓国船と日本船が出合い、韓国船から次々と矢が放たれる。だが、攻撃力はありません。帆《ほ》柱《ばしら》や船室に身を隠せば当たらないからです。日本軍が自船をぴたっと寄せて韓国船に渡ってきます。剣の使い手である日本軍は韓国軍を楽々と打ち負かします。しかし、なぜ槍ではなく剣なのだろう? 子どもはしばらく考えます。船の上は狭い。長い槍を振り回すと、あちこち当たって邪魔です。「短い剣のほうがはるかに有利だ!」。

多読で形成される知識ネットワーク

頭の中に一つの知識体系を完全に構築しておけば、こんなふうに思いを巡らすことができ、思い巡らすうちに知識は完全に自分のものになります。現実とかけ離れた本の中の知識ではなく、自らの思考と完全に一体化した、生きた知識になるのです。そしてこの知識は、他の形の歴史書を読んで再度学習されることで、より精密になります。時代背景を熟知した状態で世宗《セジョン》大王や広開土王の偉人伝や遺物に関する本を読めば、知識は互いにつながり、強化されます。児童書コーナーの歴史書を制覇するころには、子どもは専門家に準じた知識体系を身に付けているでしょう。もはや単に知識豊富なだけではありません。多くの情報が相互に接続され、複雑で多岐にわたった一つの知識体系が頭の中に構築されています。知識処理能力がとてつもなく向上したことは言うまでもありません。

こうして**文学、科学、社会、政治、哲学の分野の本を次々に読破していくうちに、利用できる思考の材料はますます増えます**。知識があればいろいろなことが見えてきます。歴史の知識体系を習得した子が読む文学は、そうでない子が読む文学とはまったく異なるでしょう。そして歴史と文学を読破した子が読む科学の本は、そうでない子が読む科学の本とはまた違うはずです。やがて頭の中で、世界のすべての知識分野が一つのネットワークを形成します。そんな子どもが眺める世界は、そうでない子が眺める世界とは明らかに異なっています。世界のすべてのものを自分の知識ネットワークを用いて読み解くことができ、そのプロセスによって強化することができます。真の意味での融合的人材、世界を読む目を持つ知識人になるのです。

この子たちが教科書を読むとします。教科書はすでに構築された知識ネットワークの内容をざっくり選び出したものに過ぎず、言語レベルもかなり低いため一度読めば勉強は終了します。特に勉強する科目は数学と英語ですが、それもすぐに終わります。知識処理能力が外国語の知識体系、学校数学の演算レベルをはるかに超えているからです。

図書館の本を丸ごと読んでしまう人は天才です。この天才とは優れた頭脳ではなく、猛烈な読書欲に対して向けられた言葉です。トレーニング中毒者が運動しないと全身がむずむずしてくるように、一時でも活字を読まないでいると、脳がむずむずして耐えられなくなる。そこでつねに本を携え、たまたま本がないときはしかたなく看板や製品マニュアルを読んで気を落ち着けます。これが天才の証しです。なぜなら読書への強烈な熱望なくして、これほど本を読むことはできないからです。

教養書多読家タイプ❷　探求型

探求心に導かれて本を読むタイプです。活字中毒型の読書を放射状とすれば、探求型は線状に読書をします。たとえば国内最年少で博士になったソン・ユグンさん（8歳で大学入学。小さいころからＩＱ１８７という驚異的な知能指数を誇り「韓国で最高の天才少年」

と呼ばれた）は子どものころ、風がとても不思議に思え、風に関する本を集中的に読んだそうです。風の本を読むと、今度は風の力を利用したヨットや帆船《はんせん》について知りたくなりました。そこでヨットや帆船に関する本を読んだところ、今度は航海術への好奇心が湧いてきたといいます。このように、探求型は好奇心を追いかけながら本を読みます。読書によって好奇心を満たすことで知識が蓄積され、知識が蓄積されるにつれてさらに好奇心が生まれます。読書方法そのものが「知識の構造」にそっくりです。

あらゆる分野の知識を幅広く深く蓄積

探求型の読書は攻撃的です。読書の原動力が好奇心であるため、読みながらずっと「なぜ？」「どのように？」という質問が頭から離れません。次々に質問を投げかけ、読みながら多くのことを考え、知識も深く吸収します。一冊ごとの読書効果はいやでも大きくなります。また多くの場合探究型は、本人の言語能力を何段階も超える本を読むという荒業をやってのけます。

たとえば、「現代の機械文明はどのように始まったのだろう」という好奇心が生まれたとしましょう。子どもは児童向けの本から「機械文明は、ジェームズ・ワットが作った蒸気機関によって始まった」という事実を得ることができます。ところが、これだけでは好奇心が満たされません。本を読みながらジェームズ・ワット以外の人々も蒸気機関の発明に挑戦した事実を知り、そのことに疑問を抱くからです。「それ以前は誰も作らなかった蒸気機関を、どうしてそのころ作ろうとしたのだろう」という疑問が浮かぶのです。そうして疑問を追ってゆくうちに、とうとう児童書の垣根を越え、自分の言語能力では対処できない本に手を伸ばします。中高生向けの本、さらには一般書籍にまで読書の地平を広げ、その過程で同年齢のレベルを超える言語能力と知識、知識を習得する能力を獲得するのです。これだけでも教科学習くらいは容易に処理できる実力がつきます。さらに好奇心が次々につながっていけば、結果的に活字中毒型と同様に、あらゆる分野の知識を幅広く深く蓄積することになるでしょう。

教養書多読家タイプ❸　マニア型

活字中毒型、探求型とともに教養書多読家の三大タイプをなすのがマニア型です。活字中毒型を万能選手、探求型を知識探検家と呼ぶなら、**マニア型は一つの井戸だけを掘る、特定分野の専門家といえます。**

子どもはみな基本的に、マニア型になる資質を持って生まれます。子どもなら誰でも好きな分野があるでしょう。ある子はロボットや飛行機、またある子は恐竜や火山、といったように。しかし大きくなるにつれ、ほとんどの子が興味を失います。大人が子どもの興味を無駄なことと片付けたり、一つのことだけに興味が集中するのは良くないと考えたりするからです。

強烈な興味こそ読むパワー

たとえば、ある子どもがお金に夢中になったとしましょう。10歳になるかならないかの子どもが経済に関する本ばかり読み、投資や創業、株式などに興味を持ちます。他の本には見向きもしません。この場合、きっと親は心配するでしょう。今からお金、お金と言うのも気に入らないし、今お金について学んで何の意味があるのかと思います。資本主義の中核となるお金についてもこうなのですから、もしも恐竜やロボット、ファッションなどに夢中になったら、出るのはため息ばかりです。「そんな本を読む暇があったら、英単語でも覚えなさい」と声をかけるに決まっています。

大人の目にはどんなに無意味に見えても、**夢中になれる対象があることはとても大切です。たとえその知識が、実際には何の役にも立たない場合でも。なぜならその強烈な興味こそが教養書を読むパワーとなり、さらには言語能力の限界を跳び越えさせるからです。**

ロボットが好きで、ロボットの本しか読まない子がいるとします。望むままに本を与えれば、やがて市販されているロボットの本を全部読破することになるでしょう。ロボットへの興味がますます強くなったら、この子が選択できる道は二つです。機械工学へと領域を広げるか、自分の年代よりも高いレベルのロボット工学の本を読むかです。真のマニアなら、読書範囲を両方向に広げるでしょう。機械工学書を読みつつ、同時にハイレベルのロボット工学の本も読むのです。もちろんロボットが登場する文学書も含まれます。そうして中学校を卒業するまでに青少年向けの本から一般書籍まで読破すれば、同年代を圧倒する言語能力を備えることになります。

偉人や名士もマニア型

マニア型にはまた別の長所もあります。**マニア型の強烈な興味が、とんでもない夢を生み出すことです**。これは、偉人や名士たちのもう一つの共通点です。中国共産党政権を樹立した毛沢東は、革命家や英雄たちの伝記を座右の書とする英雄マニアでした。世界最高の投資家ウォーレン・バフェットは、8歳のときから経済、投資、株式の本に読みふけったお金マニアであり、著名な天体物理学者カール・セーガンは宇宙人マニアでした。

それがなんであれ、子どもが夢中になれる分野があれば喜んで応援してください。ばかばかしいことでも、お金にならないことでもかまいません。情熱を失わない限り、子どもは自分で成長していきます。入試くらい、楽々と乗り越えるでしょう。

教養書多読家タイプ❹　活用型

本を使用説明書の一種と考えるタイプです。何かを学ぶ目的で本を読みます。碁をやろうと決めたらまず囲碁の理論書を読み、新しいコンピューターを買ったらコンピューターの理論書を読みあさります。小学校低学年で特徴が見られる他の3タイプとは異なり、活用型は通常、中高生になってからその特徴が表れます。実用的な理論書のほとんどが成人を対象としているためです。

知識を早速実戦で使う

他の3タイプと同様、活用型も高い言語能力の持ち主です。**情報第一の実用的な読書なので、教科の知識が蓄積されたり世界観が成長したりするといった効果はほとんどありませんが、勉強脳を作る相乗効果だけはあります。**読書の目的上、使用説明書を読むように入念に、具体的な情報を記憶しながら読むからです。

実際に使うことが目的のため、活用型は本の内容を完全に記憶することに力を尽くします。重要な部分は印をつけたり何度も読んだりし、必要なら別に整理して覚えたりもします。**活用型にとって読書とは、本の情報をきちんと整理し把握する訓練というわけです。**さらに活用型は、そうして整理して把握した知識を早速実戦で使ってみます。囲碁の理論書で勉強した内容を碁を打ちながら使い、コンピューター関連書籍で蓄積した知識をコンピューターを使いながら試してみます。

こうして活用型は、自分が誤って解釈していた点や理解が甘かった点を確認し、足りない部分を補うため追加の読書をします。文中の情報を把握する能力は向上し続けます。その威力は予想外に大きく、教科学習において驚くべき効率性を発揮します。

教養書多読家のタイプについて説明しましたが、この4タイプは固定したものではありません。探求型が活字中毒型の特徴を持つこともあり、マニア型が活用型のような読み方をする場合もあります。その他にも様々なバリエーションが見られますが、いずれにも共通する点があります。**教養書の多読家は自発性のみによって誕生し、その自発性の源は好奇心であるという点です。**活字中毒型は世界のあらゆる知識を知りたがり、探求型は心にわきあがった好奇心を追いかけます。マニア型は熱中する分野に活火山のような好奇心を抱き、活用型は自分が新たに踏み出す分野を研究します。親が「ためになるからこれを読みなさい」と言った瞬間、また「あなたの学年なら、この全集を読んでおくべき」と強制した瞬間、好奇心の芽はしぼんでしまいます。自発性と好奇心は対の存在なのです。

知識を自分のものにする インターネット百科事典活用法

インターネット百科事典の記事を次々に読んでいくと、ある分野の知識を迅速に取り入れられ、知識処理能力も向上します。学校の勉強に利用すれば成績も上がり、教養書の読書にも大変役立ちます（ただしウィキペディアの場合、世界中のボランティアによる共同執筆のため、提供している情報に関しては合法性、正確性、安全性など、いかなる保証もされていないことを念頭に置くこと）。

キーワードを決める

学校の勉強や教養書の読書で理解できない、またはもっと知りたい知識があれば、その中のキーワードをインターネット百科事典で検索します。

例）地震　ドップラー効果　カエサル

要約を中心に読む

インターネット百科事典の検索結果には、最初に知識を短くまとめた要約があります。**本文全体を読んで理解できればなおよいですが、本に慣れていない子が一度で理解することは困難です。要約を中心に読みます。**

例）地震：地殻内部の急激な変化によって、地面が揺れる現象

要約内の語を検索

要約の中には理解できる語とできない語があります。理解できない語を再びインターネット百科事典で検索します。

例）地殻内部の変化

新しい検索語で検索

知りたい語が「地震」や「溶岩」のような特定の検索語なら、要約を中心に読めばわかるでしょう。しかし、「地殻内部の変化」といった概念の場合は、理解につながる検索語を類推して検索する必要があります。

例）地殻内部↓外核　内核　マントル　　地殻↓マントル対流……

子どもの頭が良くなる読書法 8

インターネット百科事典を使って読む、中高生の教養書基本読書法

400ページ以上の一般向けの教養書一冊を一日2ページずつ、一年以内に完全に理解しながら読む読書法です。高校の教科書よりも難しく情報量も多い大人向けの教養書をじっくり読むうちに言語能力が飛躍的に発展し、成績が中位圏の生徒なら一カ月で全科目にわたって成績が上がります。もしも中学1年生が三年間三冊の本をこの方法で読み続ければ、高校に進学しても勉強で苦労することはありません。中学1年生から実行可能です。

◎大人向けの教養書を読む方法

❶大人向けの教養書を一冊選ぶ

子どもが興味のある分野の本でなければなりません。

❷前書きを繰り返し読む

前書きを完全に理解します。筆写するのも良い方法です。

❸本全体を丹念に読む

毎日1時間、教養書を2ページずつ読みます。その日読んだところは必ず自分のものにする、という姿勢で臨むことが肝心です。理解できない部分や文章には必ず印をつけます。2ページ繰り返し読んだり、重要な内容をノートにまとめたりしてもよいでしょう。

❹インターネット百科事典で検索

読み終わった後、あるいは読みながらインターネット百科事典で知らない単語や概念を参照します。

❺理解できない部分を読みなおす

最後まで読んだら、わからなかった部分を中心に再読します。

第2部
上級編

第2章

教養書への道は案外近い

教養書を読むエンジンは「好奇心」

きちんと読んだ教養書には途方もない威力があり、一冊だけでも完璧に読めば勉強脳が飛躍的に発達します。そこで「じゃあ、今日から教養書を読ませよう」と決意した親御さんもいるかもしれません。しかし、こうした意図をもって押し付けると100パーセント失敗します。子どもが自発的に本を手にしない限り、どんな手を使っても教養書を読ませることは不可能です。それでも強制的に読ませようとすれば子どもは本嫌いになり、読書教育は失敗に終わることになります。

好奇心は教養書を読むためのエンジンです。エンジンのない車が前に進めないように、好奇心のない子どもは教養書を読むことができません。「囲碁ってどう打つの？」というごく実用的な好奇心から、「ミミズはなぜ足がないの？」という生物学的好奇心、「ロボットについてもっと知りたい」という特定分野への好奇心まで、それが何であれ、知りたい気持ちが必要です。もちろん好奇心がなくても文字は読み取ることができますが、そんなふうに読んでいる間は何も考えず、考えなければ知識を受け入れることも、読む喜びも感じられません。**幼児や小学生に毎日一定量を決めて本を読ませたり、半ば強制的に全集を読ませたりすることは、ただちにやめるべきです。**なんの効果もないうえ、子どもは永遠に本嫌いになります。

大体の子どもは教養書を読めません。小学校低学年にも高学年にも中学生以上にも、好奇心を持った子がほとんどいないからです。まるで私たちの社会が、子どもの好奇心を取り除くシステムでも設置したかのようです。

授業をしていると、その理由がなんとなく見えてきます。授業中生徒から最もよく聞く言葉は「それ知っています」です。低学年も高学年も、生徒はみな、知っていると言います。実際に知っていることも多く、数々の情報を原因が排除された結果のみ、頭に入れています。そして、「知っている」と考えています。すべて知っているのですから、これ以上知りたいこともなく、好奇心が湧くこともありません。

さらに子どもたちは知らないことも知っていると言います。知らないことで好奇心が生まれるのではなく、プライドが傷つくのです。世界は広く、知識の海は広大です。それなのに自分が多くを知っていると過信し、知らないことがあってはならないと思い込んでいます。このような姿勢では何も学べません。知識に対する姿勢そのものが間違っています。

なぜでしょうか？　その答えは二つあると思います。

親がやってはいけないこと

まず、勉強を始める時期が早すぎることです。小学1、2年生の教科書には知識と呼べるほどのことは載っていませんが、それにはちゃんと理由があります。まだ知識を理解する準備ができていないためです。この年齢はまだ知識を理解しにくく、情報を受け取るシステムも単純です。ところが、この時期に子どもたちは科学、歴史、社会、政治の知識を読まされます。その結果、複雑な知識を単純化して受け入れるようになります。「民主主義とは投票すること」「ビッグバンとはバーンと爆発して宇宙が生まれたこと」というふうに。民主主義やビッグバンの発生原因を考えるには、6、7歳の子どもは幼すぎますから、これは当然のことです。こうして**身の丈に合わない知識を注入すると、子どもは原因を考えなくなります**。そして、おのずと**「何かを知ることは、結果を知ること」という誤った考えを根強く持ってしまいます**。思考体系の中に「原因」が消えてしまったら、好奇心が生じる余地はありません。

次に、的外れな称賛です。子どもが「ビッグバン」や「民主主義」のような言葉を言うと、大人はそれを学習効果と勘違いします。そして「わあ、そんなことも知ってるの？賢いなあ！」とほめちぎります。すると子どもは自分が本当に賢いと信じるようになり、さらには「知識とは、ビッグバンや民主主義のような難しい単語をたくさん知っていること」とも錯覚します。そして理解してもいない用語をやみくもに頭の中に押し込み、賢いという称賛を受け続けます。この悪循環を繰り返した末、子どもは自分が世界のすべての知識を知っているという最悪の勘違いに陥るのです。実際には知識というより、浅い情報だけが脈絡なく詰まっているだけなのですが。

子どもが世界を観察するとき好奇心は生まれる

フィンランドの学校教育は読書をベースに行われます。授業で読む本の比重は圧倒的に教養書に置かれています。この読書の力がフィンランドの教育の原動力です。もしも韓国の小学校で今こんな教育を行ったら、生徒が教養書を読めないのでまともに授業を進められないでしょう。物知りではあっても好奇心が足りない韓国の子どもに比べ、フィンラン

好奇心と学習は思考の方向が正反対

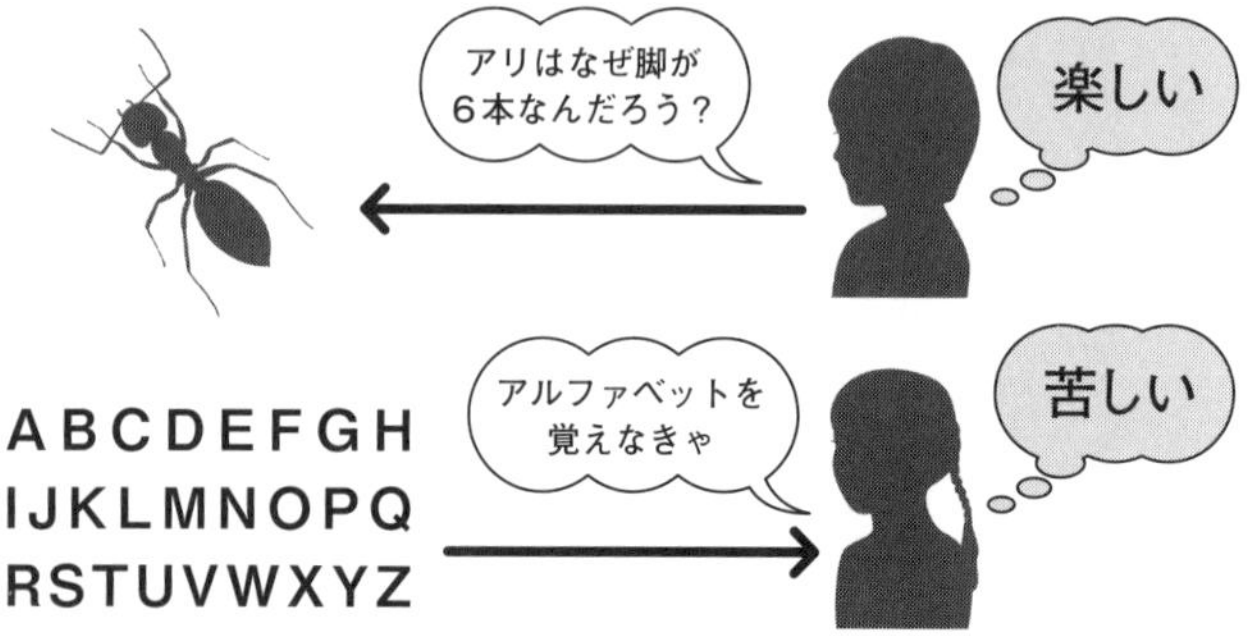

ドの子どもたちは知っていることは少ないかもしれませんが好奇心が旺盛で、本に親しんでいます。だから読書ベースの教育が可能なのです。

前述したフィンランドの幼児教育の核心が、早期学習を行わないことに注目してください。もちろん学習が幼児期の脳の発達に害を与えるからですが、それ以外の理由もあります。それがまさに好奇心です。幼児期は好奇心が芽生える時期なのに、この時期に学習すると、好奇心が枯れてしまうのです。

好奇心と学習は正反対のメカニズムを持っています。好奇心は誰かに与えられるものではありません。たとえば教養書の全集を読んで「地球が丸いなんて、ほんとに不思議だね？」と聞いたところで、子どもの心に好奇心は生まれません。好奇心とは、子どもが発見することです。雨の日にミミズを見たとき、「ミミズはどこから来たんだろう？」と思うことです。**好奇心は、子どもが世界を観察するとき**

に自然に生まれてきます。ところが学習は正反対です。好奇心は子どもから生じますが、学習は外から入ってきます。**好奇心は能動的であり、学習は受動的です**。

子どもからすれば、英語は自分とはなんの関係もない奇妙な知識です。ある日突然英語学習誌が届けられ、その前に座って英語の単語を覚えさせられます。算数や教養書の全集も同様です。子どもはある日突然、身の丈に合っていない、突拍子もない知識を受け入れ始めます。外部から知識が押し寄せ続けるうちに、子どもは受動的な思考になります。思考の基本姿勢が、好奇心とは正反対の方向に固定されるのです。そのため学習とは自分と関係ない外の世界からやって来るもの、なぜ学ぶのかわからないし、つまらなくて苦痛なものと感じます。その結果、反射的に与えられた学習をし、言われたことだけやればいいという守りの態勢を取るようになります。当然何かを知りたいという好奇心も萎縮します。好奇心という弱い芽が、学習という強い流れに巻き込まれていくのです。

こうして一度根を抜かれると、子どもの心は好奇心不毛の地となります。奇跡が起こらない限り、好奇心が再び芽生えることはないでしょう。

幼児期の子どもに必要なのは「遊び」

幼児期に蓄積された不完全な知識は、ほとんど使い道がありません。そのときは他の子より賢く見えるかもしれませんが、長い目で見るとただの徒労です。文字を早く覚えたからといって子どもの言語能力が高くなることはなく、早期英語教育で子どもがネイティブスピーカーの力を持つわけでもありません。早く算数を習っても、他の子より数学が得意にはなりません。かえって大脳辺縁系の成長が阻害されて好奇心が消えるだけです。

幼児期の子どもに必要なのは、十分に遊ぶことです。遊び場で、裏庭で、砂場で、渓谷で、子どもは世界と出合い、遊びながら自分の目の高さで世界を観察して、自然に疑問を抱きます。「砂って何だろう?」「カタツムリにも骨があるの?」といった疑問です。これがまさに好奇心です。大切なのは、なんということもないこの好奇心を大事に育てること。好奇心は学習を遊びに変え、夢中にさせてくれるからです。ですから幼児期には、何かを学ばせてはなりません。**世界を観察する時間をたっぷり与え、子どもが質問を投げかけて**

くるのを待ちましょう。

「どうしてアリは土の中で生きているの？」

ある日子どもに聞かれたら、こう問い返してみてください。

「どうしてだと思う？」

正解を教えなくてもよいのです。重要なのは、子どもが原因と結果をセットにした知識構造の思考をすることです。

「木より土のほうが掘りやすいから？」

「わあ、そうかもしれないね。あとで確かめてみよう」

そして、子どもと一緒に図書館に行き、アリの生態が書かれた絵本を読んでください。その本の中に答えがあります。ここで子どもは二つの有意義な経験をすることになります。

一つは自ら質問を投げかけて答えを探す、本当の学習経験です。自分が主導し、好奇心が満たされる楽しい学習です。これにより子どもは学習に対する正しく積極的な姿勢を持つようになります。

もう一つは、「知りたいことがあったら本を読めばよい」と知ることです。教養書によって好奇心を満たした経験が多ければ多いほど、子どもは疑問が生じるたびに本を探して読むことになるでしょう。毎日行う必要はありません。普段は子どもが好きな絵本を読んでやり、たまに子どもが好奇心を示したら、教養書を読ませてあげましょう。これが幼児期最高の教育です。

本の好みは偏ってもいい

子どもに毎日本を読み聞かせていると、誰もが共通して発見する現象があります。子どもの読書の好みが、ある方向に偏っていることです。一日十冊読んであげると、そのうち少なくとも二、三冊は、昨日もおとといも読んだ本です。子どもたちは同じ本を何度も読むのが好きですし、反復読書に教育的な効果が大きいことは、すでに説明したとおりです。一冊を何度も読む子もいれば、一つの分野にこだわる子どももかなりいます。しばしば「偏食読書」などと呼ばれる現象です。

親が教育情報を共有するコミュニティーに入ると偏食読書を心配する書き込みをよく見かけ、その対処法もいくつか挙げられています。もちろん正すべき偏食読書もあります。**学習漫画やパズル本、漫画のキャラクター満載のカラー本しか読まない場合です。**これらの偏食読書が良くない理由は、これらが読書とは言えないからです。言い換えれば、きちんと読書が行われていれば、分野が何であれ偏食読書は悪いものではありません。むしろ積極的に推奨すべきです。

読書傾向の偏りとは、言い換えれば自分が好きな分野を知っていることです。好みがはっきりしていること、すなわち個性です。個性が強い子には特技があり、心のエネルギーも強いのです。もしも子どもが何かに熱中したら、喜んでいいでしょう。それは何かに注ぐエネルギーを持ったという強烈な信号であり、学習面でも優れた能力を発揮する可能性を示しています。

偏食読書をする子どもは、本に没頭します。恐竜の本が好きな子がいたとしましょう。その子は恐竜の本ばかり読んでいます。何冊かは毎日繰り返し読むでしょう。欲しがるおもちゃも恐竜だけです。この幼い恐竜博士は、自然に読書家へと成長しているところです。あらゆる恐竜の特徴、恐竜が生きた時代の地質学的特性、恐竜の登場と絶滅の理由まで、「広くまんべんなく」読む同年代の他の子が接する機会のない高度な知識を、互いに結びつけながら自分のものにします。この子が平均より優れた勉強脳を持つであろうことは、火を見るより明らかです。ところがある日、突然他の本が渡されます。童話や歴史の本のような、興味のない本です。

「恐竜の本ばかり読んではだめ。いろんな本を読まないと賢くなれません。これからは、こんな本も読むこと。わかった？」

子どもの立場で考えてみてください。昨日まで面白く本が読めたのは、それが恐竜の本だったからです。ところが今日突然、興味のない分野の本を読むよう指図されます。あの楽しかった読書が、急に宿題へと一変したのです。それでも親がしつこく言えば、しかたなく読んでみるでしょう。両親が悲しむことはしたくないからです。しかし失望と落胆を隠すことはできません。ここで子どもは二つの誤った考えを持つことになります。まず、自分があんなに夢中になっていた恐竜という世界が薄っぺらなものだという考えです。ただの楽しい遊びなだけで何の役にも立たない、無駄なことだったのだと思うのです。これ以降、子どもは自分の中に浮上した興味や好奇心を、同じように意味のないものと思ってしまうでしょう。知的情熱や好奇心は枯れていきます。次に、読書は勉強なのだと考えるようになります。もはや読書は、自分の興味を探求する楽しい遊びではありません。広範囲に知識をつけるため、興味がなくても無理に読まなければならない学校の勉強の延長です。その結果、だんだん子どもは本から遠ざかります。

まんべんなく読ませようとした瞬間、読書教育は失敗に終わります。好奇心も湧かず知的情熱も感じない読書は、子どもになんの喜びも与えないからです。偏食読書をやめさせることは、自ら読書家へと成長してゆく子どもの行く手を阻むようなものです。

偏食読書は才能を知るきっかけ

ある分野に子どもが関心を持ったら、熱心にサポートしましょう。何かに夢中になれること、それ自体が天才です。そして、それに合った読書が天才を完成させます。

偏食読書は、期間に長短の差がありますが、永遠に続くわけではありません。必ず他の領域につながっていきます。知識は個別の単一システムとして存在できないからです。教養書を読ませる力が好奇心であるように、他の分野の本に関心を向けさせる力もまた好奇心です。

たとえば恐竜の本を読むと、知りたいことが次々と出てくるでしょう。「恐竜はなぜこんなに大きかったの?」「恐竜を絶滅させたという小惑星はどこから飛んできた?」「先カンブリア紀、白亜紀といった地質時代はどう分類されている?」など、疑問の種類は様々です。どんな疑問が浮かぶかは、その子によって異なります。もちろん、このように好奇心を広げても、元の分野への興味が続く場合もあります。

ある子は実業家の、ある子は教師の、またある子は学者の適性を持っています。チンパンジーに狩りをしろとか、ライオンに牧草を食べろと言っても、それは不可能です。親が望む夢を子どもに強要しないでください。**大切なのは、子どもがどんな才能を持っているかです**。普通はたやすくわかりませんが、偏食読書をする子どもははっきりと教えてくれます。地質学が好きなら、地質学に邁進させてあげましょう。それだけで子どもは勉強ができるようになります。そのあとは、そうなってから考えればよいことです。

教養書を読ませる三つのステップ

好奇心は幼児期に芽生えます。つまり、すでに小学校高学年か中高生になっていて教養書が好きでなければ、実のところ好奇心の力で読むことはできません。教養書を読むのはあきらめ、文学書中心の読書をしたほうがはるかに現実的です。どうしても教養書を読ませたいなら、細心の注意と戦略的なアプローチが必要です。

これから述べる方法は、「一生懸命勉強すれば誰でも秀才になる」という文句のように、空虚に感じられるかもしれません。方法はあっても実行が極めて困難だからです。それでもお伝えするのは、できるかもしれないという一筋の可能性のためです。

ステップ1　文学書で十分な読書訓練をする

まず、教養書を読める状態かどうかを判断する必要があります。教養書を読むには、少なくとも自分の年齢以上の言語能力が必要です。小学校高学年なら、長編の児童書を一度読んで内容をくわしく把握できる程度です。長編の児童書さえまともに読めない子に教養書を読ませることは、よちよち歩きもできない子どもにランニングをさせるくらい無謀なことです。ともすればそこで、読書教育は終わってしまいます。

子どもが読み手として未熟なら、まず児童文学書を用いて十分な読書訓練を行ってください。短くても一年以上児童文学作品を読み、同年代の適正値以上の言語能力を備えなければなりません。これが教養書を読むために最小限必要な条件です。

ステップ2　教養書を読む必要性についてよく話し合う

児童文学作品を十分読んで年齢相応の言語能力がついたら、教養書への基本的な条件は整いました。まず、**教養書を読むことについて子どもと話し合ってください。**教養書を読む必要性について話したあと、子どもの考えを聞きましょう。本の好き嫌い、興味のある分野、読むために必要な条件などを聞きます。

実際のところ、小学校高学年の子どもに教養書を読む必要性を納得させるのはなかなか難しいことです。すでにそれなりに勉強はできるので切迫感がないうえ、大人がどう考えているにしろ、本人は勉強ならすでに十分やっていると思っているからです。

そこで小学校高学年の子には、手を伸ばしたくなるようなニンジンをぶら下げてみましょう。嫌いな習い事をやめるとか、遊ぶ時間を確保するといったことを提示し、一種の交渉をするわけです。交渉の基本は「ギブ・アンド・テイク」。「教養書の読書」をさせる代わりに何を手放せるか、よく考えたうえで交渉に臨みましょう。

ステップ3 年齢より低いレベルの教養書を読ませる

子どもの年齢より低いレベルの教養書を選びましょう。小学5、6年生なら、小学3、4年生向けの本か小学1、2年生レベルの本、さらには幼児向けの知識全集でもかまいません。情感を描く文学書はできれば自分の年齢に合った本を選びたいですが、教養書は違います。**教養書を読む第一目標は、知識処理の訓練を行うことです。本が単純で簡単であるほど訓練は楽しく円滑に進みます。**

ただし、原理や情報をストーリー形式にした教養書や学習漫画は除きます。純粋に知識を扱った本だけを選んでください。

大きな成果が得られる教養書の読み方

教養書の読み方は、文学書とは異なります。一般的な童話や青少年向け小説は、主人公に感情移入したまま読み続けられます。物語の持つ、ある事件を追うという性質から、この読み方でも十分に内容を理解して楽しめるのです。しかし、知識を理解するための教養書はこのやり方では読めません。文学作品を読むようにすらすら読むと、知識が頭の中で絡み合ってごちゃごちゃになってしまいます。読むことは読んでも、何を読んだのかわからない状態になりがちです。

教養書の読み方には、二つの基本公式があります。

基本公式1　序文をきちんと読む

まず、序文をきちんと読むことです。文学作品の場合は最初の段落にその物語のエッセンス、あらゆる要素が圧縮されています。前述したように、最初の段落を筆写することは、深い理解に大変役立ちます。**教養書では、序文にその本のテーマ、柱となる知識や理論が圧縮されています。**本が書かれた経緯や、各章ごとの内容が要約されていることもあります。教養書の序文はその本全体の論理構造を示す、一種の地図ともいえます。そのため序文を完全に理解することは、地図を頭の中に入れて旅行することと同じです。本に慣れている子どもにとっても有用な方法ですが、大人のための教養書を初めて読む子どもたちには、より細かい読書法が必要です。

基本公式2　段落、単元、小見出しごとに内容を把握しながら読む

次に、**鉛筆を持って重要な文章や理解できない部分に下線を引いて読むことです。**さらに教養書の論理展開方式に不慣れな読書家には、下線を引くことに加え、**段落ごと、小見出しごとに区切って読む訓練が有効です。**ビル・ブライソン著『人類が知っていることすべての短い歴史』（新潮社）の導入部〈1章　宇宙の創りかた〉を例に説明します。

とにかくちっぽけで、体積なんてあるかなし。あまりに小さすぎて、とうてい実感できないのが、陽子《ようし》だ。

> 陽子は原子を構成する微細な要素のひとつだ。そして、その原子からして実体がないに等しいサイズときている。陽子がどれくらい小さいかというと、例えば印字「i」の「・」に当たる部分の微量なインクには、約五〇〇，〇〇〇，〇〇〇，〇〇〇億個の陽子が含まれている。五十万年を分で勘定した数字を上回る個数、と言い換えてもいい。つまり陽子は、どう控えめに表現しても、きわめて微視的な存在だ。
>
> 『人類が知っていることすべての短い歴史』より

まず一段落読み、いったんやめます。そして知らない単語や概念、文章に鉛筆で印をつけます。ここでの注意点は、「なんとなくわかる」は知らないと同じ、ということです。聞いたことはあるが正確に定義できない単語にも、必ず印をつけましょう。この文では「陽子」のような単語です。そして、一段落目の要点を本の余白に書きます。この場合は「陽子は小さい」でしょう。

次に二段落目に進み、同じプロセスを繰り返します。知らない単語や概念がなければ印はつけません。二段落目の内容のまとめ、「陽子は小さい、強調」を本の余白に書きます。同じように三段落目、四段落目と読み進んでいきます。

このように**一つの単元（または小見出し）を読み終えたら、再び冒頭に戻ります**。そして各段落の要点、「陽子は小さい—陽子は小さい、強調……」をさっと確認します。一度目を通すだけでも読んだ段落の内容がはっきり整理され、論理展開の流れもつかめます。

この段階で、必ずしもわからない単語や文章を調べる必要はありません。段落の要旨がつかめないときはインターネット百科事典を検索しますが、そうでなければ次の単元に進みましょう。これには二つの理由があります。**一つは読書の楽しみを半減させないため**です。単語の検索のせいで読む速度が落ちれば、どうしても面白みがなくなります。**二つ目は、読み進めるうちに単語や概念の意味が判明する可能性が高いから**です。たとえば、この後に「陽子」についての説明が述べられているかもしれません。最後まで読んだあとで、印をつけておいた単語をさっと見て、そこで調べればよいでしょう。

このように、段落ごと、単元ごと、小見出しごとに内容を把握しながら読むことが教養書読書の基本です。このようにして一冊読むだけでも勉強の効率性が向上します。科目あたりの学習時間が減り、社会、科学系の成績が上がります。もちろん要点を把握しながら読んだので、読んだだけ常識も増しています。二冊、三冊と読めば、さらに優れた知識処理能力と、より広い常識が得られるでしょう。このやり方で三冊読めば、次からはいちいち段落の要約を書かなくても、頭の中で整理しながら読めるようになっています。教養書を読む力が増したため、読めばそのまま理解できるのです。

この方法は、幼児や小学生には適していません。幼児や小学生にこんな読書をさせたら、本そのものが嫌いになります。少なくとも中学生以上でないと効果はありません。**成績がなかなか上がらない中高生が実行すれば、大きな成果が得られるでしょう。**「教科書はやさしい」ことが、全身で実感できるようになります。

教養書を読む訓練

教養書に慣れていない子が文学書を読むように教養書を読んでも、読書効果はほとんど得られません。本に書かれた知識を理解できないばかりか、知識を理解する力も伸びません。教養書が読めるようになるには、訓練が必要です。

◎教養書を読む方法

❶鉛筆を持って読む（鉛筆ですること）

・知らない単語に印をつける。
・理解できない文章や段落を囲む。
・重要そうな文章に下線を引く。
・本の余白に内容の要点をメモする。
・本の余白に気になる点をメモする。

❷ 序文を3回精読

・1回目：鉛筆を持って印をつけながら読む。
・2回目：印をつけた箇所の知らない単語をインターネット百科事典で検索して読む。
・3回目：もう一度丹念に読む。

❸ 小単元ごとに分けて読む

・小単元一つを「❶鉛筆を持って読む」の方法で精読する。
・印をつけた部分をざっと確認し、頭の中で内容を整理する。

❹ 最後まで読む

・❶〜❸の方法で本を最後まで読む。
・鉛筆で印をつけた箇所の知らない単語や概念をインターネット百科事典で検索して理解する。

この方法で十冊も二十冊も読む必要はありません。三冊で、教養書が読めるようになります。この三冊を読めば、四冊目ははるかに滑らかに、すらすらと理解しながら読めるようになります。もちろん教科書も楽に理解できるでしょう。

◎教養書に慣れる方法

❶一冊読む

・書店や図書館で興味が持てそうな分野の本を探す。
・読む本を一冊決め、前ページ❶〜❹の方法で読む。

❷さらに二冊読む

・前に読んだ本と同じか、または関連する分野の本を二冊選ぶ。
・前ページの❶〜❹の方法で二冊読む。

❸ハイレベルな読書家の方法で読む

・同じ分野の本を一冊選び、序文を2回精読する。
・知らない単語、理解できない文章や段落、重要な文に鉛筆で印をつけながら最後まで読む。

・読み終わった後、印をつけた箇所に目を通して頭の中で整理する。

❹ 他の分野の本を読む

・他の分野の本を「❸ハイレベルな読書家の方法で読む」の方法で読む。

子どもの頭が良くなる読書法 9

三カ月に一冊で最上位圏の成績になる、中高生の教養書強化読書法

教養書を多読して言語能力を引き上げる読書法です。この読書法を行える子どもは大人の基準としても優れた言語能力を備えているため、二、三週間の勉強だけで最上位の成績を収めることができます。

普段は教養書の読書

普段は教養書を読んで言語能力を引き上げます。**本の分野は教科にこだわらず、徹底して子どもの選択に任せます**。大切なのは、興味ある分野の本を楽しく読むことです。教養書の特性上、きちんと理解しながら読むだけで言語能力が飛躍的に成長します。

試験期間の二、三週間前から学校の勉強

試験期間前の二、三週間は学校の勉強に集中します。教養書を読んだことで言語能力が

向上しているため、試験勉強は短期間で効率的に行うことができます。学習による心理的な疲労が少なく、集中力も発揮できます。短期間で集中的に学習し、優れた成績を収めるようになります。

一学期間の読書計画

▼学期開始～中間テスト二、三週間前

大人向け教養書を一冊読む。

＊序文を完全に理解しながら、鉛筆でマークし、分析しながら読む。

▼中間テスト二、三週間前～中間テスト期間

試験勉強に集中する。

▼中間テスト終了後～期末テスト二、三週間前

大人向け教養書を一冊読む。

＊序文を完全に理解しながら、鉛筆でマークし、分析しながら読む。

▼期末テスト二、三週間前～期末テスト期間

試験勉強に集中する。

第2部 上級編

第3章

短期間で言語能力を引き上げる方法

副作用を予防する四つのアドバイス

この章では言語能力を短期間で最大に引き上げる方法を取り上げます。言語能力の効用を実感した子どもがどうにかして言語能力を引き上げたいと思ったとき、あるいは短期間で急激に言語能力を引き上げなければならないときに使える方法です。

本書で紹介したほとんどの読書法と同じように、この章で紹介する方法も私が新たに開発したものではありません。私は生徒たちに本を読ませる授業を行っていく中でこの方法を発見しましたが、実際には有史以来多くの人々が使い、効果について何度も検証されてきた方法です。大げさな言い方をすれば読書における人類の遺産であり、さらに私自身が今日の教育現場で生徒たちに適用し、その効果を直接検証した方法でもあります。一言で言えば、信じるに足る方法です。くわしく述べる前に、いくつかお願いがあります。

❶ 強制してはならない

教養書の読書と同様、これらの方法も子どもに強制しないでください。親が子どもにできることは、こんなやり方もあると知らせ、説得するくらいです。メカニズム上、強制すると効果は見られず、へたをすれば副作用だけが現れます。しかし子どもがこの方法でやると言ったら、実行にあたっては親が大きな助けとなれるでしょう。

❷ 親子ともに毎日一定時間を確保する

この章で紹介する方法は、ほぼ毎日、一定時間を投資しなければならない長期的なプロジェクトです。子ども一人だけの力ではなかなか続けられません。大切なのは**読書法を実行できる時間を確保してあげること**です。**子どもがその日読んだ部分に関心を寄せ、話を聞く姿勢も必要です。**

❸ ご褒美をあげる

応援の意味で適切なご褒美をあげることが効果を上げる場合もあります。

❹ 実施するのは年齢相応の言語能力を持つ中高生のみ

これらの方法は、中学生以上にしか使えません。成長過程から見て小学生には実行が非常に困難であるばかりか、たとえ行っても深刻なストレスになることがあるためです。同じ理由で、年齢相応の言語能力を持たない中高生にも使えません。自分の学年向けの文学書すら読めない子どもにとって、これらの読書法は耐え難い苦痛です。読書がストレスになった瞬間、読書教育は終わってしまうことを忘れないでください。

これから紹介する方法はどれも、本を読むときに発生する思考の量を最大化するという原理が基盤となっています。その効果は非常に大きく、たった三カ月で言語能力の向上と成績の上昇を数値的に確認できるほどです。数年間着実に行えば入試の成功はもちろん、グローバルリーダーまではともかく、オピニオンリーダーには成長できるでしょう。毎日根気よく行う必要があり、長期間続けなければならない読書法ですが、それだけの価値は十分にあります。

「スローリーディング」隅々まで読み、つねに問いかけよ

私がスローリーディングに興味を持つようになったのは、速読する多くの生徒たちを見てきたためです。速く読むほど言語能力の上昇効果は低く、逆に本を丁寧に噛みしめながら読むほど言語能力の上昇効果は大きいのではないかと思ったのです。理論的には確信があったものの、スローリーディングを論文・作文の授業で行うのは容易ではありません。せいぜいゆっくり読んだほうがよいと生徒たちに強調するのが精一杯でした。するとあるとき灘中学校の国語教師だった橋本武先生の『伝説の灘校教師が教える一生役立つ学ぶ力』（日本実業出版社）という本に出合い、スローリーディングをすでに長い間教育現場で実践し、大きな成功を収めた方がいることを知ります。そしてその効果は推測した以上のものでした。

灘校、橋本武先生の国語の授業

当時の灘校は公立高校の滑り止めで（現在の灘校は中高一貫教育）、大都市の学生に劣等感を抱いてしばしば暴力沙汰を起こすような、荒れた生徒が大勢いる学校でした。ところがこの小さな学校がある日突然、東京大学合格者を最も多く輩出し、全国に名を馳せる有名校になったのです。しかも一年だけの現象ではなく、翌年も、その翌年も同じ結果が続いたため、日本の教育界は騒然となります。多くのマスコミが灘校を取材したところ、特別な教育法の実態が明らかになりました。それは橋本武先生の国語の授業でした。

橋本先生の国語授業は独特でした。まず、教科書を使いません。代わりに**中学の3年間をかけて、中勘助の『銀の匙《さじ》』**（岩波書店、伯母の愛情に包まれて過ごした少年時代の思い出を自伝風に綴った作品。子ども自身の感情世界が素直に描きだされている）を**一冊読み込む授業をします**。授業の方法は次のとおりです。内容を細かく分け、授業時間ごとに少しずつ読んでこさせます。この方法の良いところは、本嫌いの生徒も読むことです。一冊の小説も細かく分ければ、毎回の読書量はほとんど負担になりません。**授業ではこの短い分量の一文一文を丁寧に読みながら分析し、意見を出し合います。取り上げるのは細か**

い表現から登場人物の心情、比喩、小説に登場する昔の風俗まで、それこそすべての要素です。小説に出てくるお菓子を授業中に食べたりもしました。

こうして一冊の小説をゆったりした速度で丹念に読み込むことで、多大な効果が発揮されます。ただ読んだだけでは考えもつかなかった深さまで掘り下げて読むからです。深い読書経験は、読書の質を飛躍的に引き上げます。また他の本を読むときも、小説の要所要所をより深く、丹念に読み込むようになります。実際橋本先生は**生徒に『銀の匙』の他に月一冊の自由読書をさせましたが、その一冊一冊の読書の深さが、学生の言語能力を格段に引き上げたことは明らかです**。橋本先生の教え子たちはその言語能力の力で名門大学に進学し、上級公務員、著名な文学者、大学総長、政治家、大企業の役員にもなっています。

いちいち「なぜ?」と問う

韓国でも2018年から全国小中校で**「一学期一冊読書」**が行われ、スローリーディングが制度化されました。まだ始まったばかりなので試行錯誤はあるでしょうが、たった一つの方法さえ心得ておけば、どんな授業よりも成果を上げるでしょう。それは簡単な方法です。いちいち「なぜ?」と問うことです。

単語や文章に対する問いかけについては筆写の項目で扱いますので、ここでは物語の構成に対し、どう疑問を投げかけるのかについて説明します。先に述べたように、**物語にはプロットと呼ばれる基本的な骨組みがあります**。しかしこの骨組みの役割は、単に話を進めることだけではありません。**この骨組みの下には、物語の主題を表すシンボルが潜んでいる**のです。童話や青少年向け小説、ジャンル小説ではこのシンボルを読み取ることが比較的やさしく、一般向けの小説や古典文学ではこのシンボルが深く秘められている傾向があります。そのため表面的にストーリーだけを追っていると、その作品を完全に間違って解釈するおそれもあります。

たとえばサン＝テグジュペリの『星の王子さま』は、書かれたままの話として読むと「小惑星B－612の宇宙人である星の王子さまが思い入れのあるバラを残して宇宙旅行をし、地球に来て、また自分の星に帰る話」です。これだけだと、『星の王子さま』は童話っぽい美しい絵が描かれているわりにちょっと奇妙で、退屈な本に感じられます。物語の真意を知るためには、つねに「なぜ？」という質問を投げかけながら読まなければなりません。

最初の質問は、「なぜこのように始まったのか？」です。前に私は、冒頭の一文には作者の渾身の力が込められていると言いました。冒頭の一文に力を入れるとは、つまり第一段落、第1章にも力を入れることを意味します。物語のエッセンスを凝縮して暗示したり、それに準ずる糸口を示唆したりすることも多いからです。物語の導入部は「今から私はこんな話をしようとしています」という、読者に対する予告、または宣言です。この宣言を正しく解釈できれば、半分は終わったも同様です。ですから最初の章を読んだら、立ち止まってじっくり考える時間が必要なのです。たとえば、『星の王子さま』を読むとしましょう。導入部の内容は次のとおりです。

幼い頃、画家が夢だった「ぼく」はボアがゾウを飲み込んだ絵を描いた。ところが大人たちはその絵を見て帽子だと言った。「ぼく」はみんなが絵をわからなかったことに失望し、画家になる夢を捨てた。

こうして筋だけにすると、退屈に感じられます。タイトルが『星の王子さま』なのに王子は一切出てこないし、なにか事件が起こる予感もしません。「画家になる夢を捨てた」で、心理的には完結です。『星の王子さま』をつまらないと感じるなら、それは表面だけを読むからです。

しかし、この導入部に要点が隠されているのでは？　と考えると、まったく違ってきます。「なぜこのように始まったのか？」と問いながら、この第1章が作者の宣言だと考えて、もう一度読んでみましょう。サン＝テグジュペリが『星の王子さま』を通して伝えたい話とは？　それは「ゾウを飲み込んだボアの絵を描けた子ども時代」です。**誰もが持っていた、大人になるにつれて失われた子どもの心、本来の自分についての話をするのだと、導入部によって読者に宣言しているのです。**この宣言を頭に置いて、次に進んでみましょう。

> 大人になって、飛行機のパイロットになった「ぼく」は、砂漠に不時着する。そこで「ぼく」は王子に会う。王子はヒツジを描いてくれと言う。「ぼく」がヒツジを描くたびに王子は「このヒツジじゃない」と首を振る。「ぼく」が箱を一つ描き、この中にヒツジがいると言うと王子は「これこれ、このヒツジ！」と喜ぶ。

王子の正体がわかりましたか？　もしそうなら一人でスローリーディングをする準備がほぼできています。

「なぜこの章が書かれたのか？」という疑問のほか、「なぜ飛行士なのか？」「なぜ砂漠か？」という、登場人物の職業や事件が起こる場所についての疑問も浮かびます。飛行士は空を飛ぶ仕事です。ギリシャ神話から今日のヒーロー物に至るまで、人間はいつも自由に空を飛ぶ夢を見てきました。「ぼく」は社会に属しながらも一瞬の夢を見られ、重力という現実から逃れることができる職業、飛行士を選んでいます。画家という夢はあきらめたものの、「ぼく」は夢を見ていたいロマンチックな人物なのでしょう。

そして飛行士である「ぼく」は砂漠に不時着し、そこで王子と出会います。周りは砂だけの砂漠、人が住める場所ははるかかなたです。そんな所で会える人とは誰でしょうか？そこにいる唯一の人、まさに自分自身です。砂漠で出会った王子とは、飛行士自身なのです。社会の構成員としての「ぼく」ではない、心の奥底に隠れていた子どもの自分。「ゾウを飲み込んだボア」を描けた子どものころの自分そのものです。

王子は「ぼく」に、絵を描いてくれと言います。王子が望むのは当然「ゾウを飲み込んだボア」のような絵です。すでに大人になった「ぼく」は最初、目に見えるヒツジを描きますが、ヒツジを入れた箱を描くと、初めて王子は喜びます。目に見えない物を描くことができた子ども時代の心、その心がまさに王子なのです。

このように、スローリーディングは少し読んではいったん止まることを繰り返し、物語の隅々を深く思索する読書法です。まず疑問を投げかけることから始まります。

「なぜ物語はこんなふうに始まったのか？」

「この人物は、なぜこの仕事をしているのか?」

素直な質問を投げかけ、その答えを理性的に探ること。その過程で子どもの思考力や言語能力、主題を見抜く目、さらには人間と世界を理解する心が驚異的に成長します。

子どもの頭が良くなる読書法 ⑩

一年に一冊、スローリーディング訓練法

一冊の文学作品を、解剖するように掘り下げて読む読書法です。一つの文章を読んで深く考え、また次の文章を読んで深く考えます。作品に含まれる要素を様々な角度から吟味してゆくため、この読書法には**多くのことを考えられる古典的な名作が適しています。**

◎文学作品スローリーディング読書法

❶スローリーディングする本を決める

古典的な名作の文学作品なら、どの小説でも構いません。子どもが興味を持てる作品ならなおよいでしょう。

❷ **1章を読む**

物語の1章に該当する部分を精読します。

❸ **1章を再読。丹念に吟味しながら読む**

1章を最初から再読します。主人公、背景、出来事、詳細な表現など、あらゆる要素について一つ一つ考えながら読みます。知らない単語や内容があったらインターネット百科事典で調べます。

❹ **2章に進む**

1章の内容が頭の中に浮かぶほど完全に読み込めたと思ったら2章に進みます。

一方、スローリーディングの本とは別に、毎月青少年向けの小説を一冊読むとよいでしょう。スローリーディングによって文学作品を読む力が大幅に向上しますが、加えて相対的**にやさしい青少年向け小説を読むことで読書の疲労感を軽減できるうえ、文学作品を読む力もより確実になります。**

「反復読書」偉人たちも実践してきた読書法

スローリーディングは毎日少しずつ詳細に読むことで読書効果を上げる方法ですが、反復読書は同じ本を何度も繰り返し読んで読書効果を高める方法です。微積分を構築した数学者・哲学者のゴットフリート・ライプニッツが天才を生む読書法と主張したため「ライプニッツ読書法」とも呼ばれますが、それ以前から広く行われていました。

偉人と呼ばれる多くの人物が、本の内容を完全に習得するまで再読を繰り返しました。『論語』『中庸《ちゅうよう》』『大学』『孟子《もうし》』を9回読んだ李氏朝鮮の儒学者栗谷李珥《ユルゴクイイ》、竹簡《たけづつ》を綴じた革紐が三度も断ち切れるほど周易《しゅうえき》（中国古代の占術を取り入れた儒教の経典）を熟読したという孔子など、例を挙げればきりがありません。生徒たちに適用してみると、なぜ反復読書が天才を作る読書法なのかがよくわかります。

「上《うわ》っ面《つら》読書」では何も得られない

小学5年生の生徒が七人、私のクラスに来たことがあります。女子二人、男子五人という構成で、七人とも幼いころからの友達でした。みな勉強ができるほうでしたが、中でもソニという女の子が飛びぬけていました。平均100点から98点の成績で性格も負けず嫌い、みんなのヒロイン的な存在です。自分の主張をはっきり示し、速読は良くないという私の指示にすぐさま反撃、速く読むのがなぜ悪いのか、自分はそうは思わないとハキハキした口調で主張しました。ところが七人一緒に受けた基礎言語能力評価テストでソニは42点、七人中6位でした。評価結果シートをもらった日、ソニはこっそり一人で私に会いに来ました。

「評価スコアを上げるにはどうすればいいですか?」

ソニはぎゅっと唇をかみしめ、今にも涙があふれそうでした。よほどプライドが傷ついたのでしょう。私は二つの方法を提示しました。一つはスローリーディングです。読む速度を5倍以上遅らせ、一文一文を噛みしめながら読む。長編童話一冊に最低3時間はかけなければならないと言いました。

「ゆっくり読むのがへたなんです。どんなにゆっくり読もうとしても、1時間もあれば読んでしまいます」

ソニの困り顔を見て、つい笑ってしまいました。どうやら速読がなぜ悪いのかと大声で反撃したあと、家でゆっくり読む練習をしてみたようです。速読習慣がある子はゆっくり読むのが本当に苦手です。すでに習慣として身に付いてしまっているのです。

そこで反復読書を教えることにしました。**一週間に一冊、児童向け小説を3回繰り返して読む。1回目は少なくとも1時間はかけ、2回目、3回目も同じ速度で読むよう気をつける。**そうすれば六カ月以内に信じられないほどスコアが上がるだろう、と付け加えました。

読書の効果は、本を読みながらどれだけ多くのことを考えられるかにかかっています。書かれた理論や情報、作家の意図を忠実に受け取りながら読めば、一冊でも大きな効果が表れます。その一冊を通じてできる、最大量の思考をすることになるからです。逆におおまかなあらすじさえつかめないほどざっと読んでしまうと発生する思考の量が極度に少なくなり、百冊、千冊読んでも意味がありません。どんなに埋蔵量が多い炭鉱もトンネルを掘らなければたった一かけらの石炭も掘り出せないように、「上っ面読書」で得られるものは何もないのです。

六カ月間、毎週一冊を3回読む

「上っ面読書」が習慣となったソニのような子どもたちは「トンネルを掘って入る」方法を知りません。こうした子たちに「トンネルを掘らせる」最適な方法が反復読書です。特別な指導がなくても反復読書をするだけで自発的に、いやむしろいつのまにか、深く読めるようになります。

そのため私はことあるごとに、生徒たちに3回繰り返して読むことを強調します。実際にそれをやり抜く子はめったにいません。反復読書はそれほど大変で、難しいことなのです。ところがソニはやり遂げました。一冊3回、六カ月間一度も欠かさず読んできました。3回きちんと読んだかどうかは、授業をすればすぐにわかります。3回読んだ生徒は、本の内容を隅々までくわしく知っているからです。ストーリーはもちろん、せりふまで覚えています。

六カ月経ち、基礎言語能力評価テストを再び行う前に、私はソニがびっくりするようなスコアを取るだろうと生徒たちに予告しました。きちんと本を読むことが、どんなに大きな効果をもたらすかがわかるだろうと。ソニは87点、中3レベルの言語能力を記録しました。一気に45点も上がっています。

「やった、えらいぞ！」

私は大喜びでソニの肩を叩きました。私がえらいと思ったのは、一気に45点上がったことそのものではありません。反復読書をすれば誰でもそのくらいは達成できます。**本当にえらいのは、六カ月間一度も欠かさず3回読んだ粘り強さと意志です**。

毎週一冊の本を3回ずつ、六カ月読むだけで小学5年生の平均以下の子が一気に中3レベルまで成長できるのです。もし一年、二年と続ければどうなるでしょう？

もちろん、同じ本を繰り返し読むことは簡単ではありません。しかしやり遂げさえすれば、その結実は想像以上に大きいものになります。

子どもの
頭が良くなる
読書法
⓫

学年別、一冊を3回読む反復読書法

小学校高学年なら長編の児童書一冊を週に3回、中高生なら青少年向け小説を二週間で3回繰り返し読む読書法です。

◎学年別反復読書法

小学校高学年の反復読書法――一週間に一冊を3回

1回目：長編の児童書一冊を二日で読む。
2回目：もう一度二日間で読む。
3回目：もう一度二日間で読む。
確　認：目次を見て読んだ内容を思い出す。

中高生の反復読書法　――**二週間に一冊を3回**

1回目：青少年向け小説一冊を四日で読む。
2回目：もう一度四日間で読む。
3回目：もう一度四日間で読む。
確　認：目次を見て読んだ内容を思い出す。

目次を見て読んだ内容を思い出すことで「思考と感情のかたまり」がますます大きくなります。小説中の状況を深く理解し、細部まで思い出すことができます。

注意点は、1回目も2回目も3回目も、みな同じ速度で読むことです。こうして一定の速度で3回読むと、子どもは自然に深い読書ができるようになります。話の中の登場人物の靴の色まで記憶するほど内容を知り、最初に読んだときは気づかなかった伏線なども発見します。一年続ければ、小学校高学年が高校生レベルの言語能力を持つこともできます。

「筆写」深い読解力と知識が身に付く

李氏朝鮮の第四代国王世宗大王は、20歳のときに朝鮮最高の碩学《せきがく》を論破するほど高い知力を備えていました。今で言えば大学1年生の学生がソウル大学やKAIST（韓国科学技術院）の教授を知力で圧倒したようなものですから、実に優れた人物だったわけです。

読書好きだった世宗大王を超人級の人材にしたのは、100回読んで100回書き写す「百読百習」でした。つまり、反復読書と筆写を両方行っていたのです。往年の偉人の中には反復読書から始め、筆写に移行した例が多く見られます。筆写は本の内容を完全に頭の中に入れるのに効果的な方法だからです。天才的な政治哲学者ジョン・スチュアート・ミル、歴史上最も偉大な科学者アイザック・ニュートン、哲学者ニーチェなど、筆写が卓越した頭脳形成に寄与した人物は数え切れません。

冒頭を筆写し作者の意図をつかみ取る

筆写はスローリーディングと反復読書の長所を併せ持つ究極の読書法です。それだけにどんな方法よりも大きな効果があります。筆写の際、重要となるのは心構えです。機械的に書きなぐるように写しては効果を得られません。文章の意味を完璧に理解してみせる、という姿勢で臨みましょう。作者の意図をつかみ取る気持ちで書くことが肝心です。

作者の意図を把握するためには「どうしてこの文が冒頭にあるのか？」という質問を投げかけなければなりません。冒頭の文は小説の第一印象を決定するため、作家の渾身の力が込められています。自分に向けて投げたこの質問に、子どもは何かしら答えを出します。ここでさらに一歩進むことができます。主題という側面から文を解釈してみるのです。冒頭の一文だけでも様々なことが考えられます。一文一文理解していくという気持ちで筆写すると、丁寧に読み取ることができるのです。

筆写の過程でわからない単語や概念に印をつけたり、メモしたりしておきます。これらは筆写が終わったあとにインターネット百科事典を活用して学習します。一段落筆写したら、必ずもう一度読みながらその段落の機能と主な内容を確かめます。

こうしてきちんと筆写すると、**物語を構成する要素を深く吟味できます。ノートを1ページ埋めるのに少なくとも40～50分かかり、大変な集中力も必要になります。**この過程で**繊細な言語能力、思考力と論理力、言語感覚、象徴や心理を把握する能力が飛躍的に成長します。**文と文の関係、段落と段落の関係を理解する力が向上することは言うまでもありません。登場した知らない単語や概念を別途に調べることにより知識も蓄積されます。ここで知った知識は物語の中の要素であるため、より正確に理解でき、記憶にも残ります。

『白鯨』の一行に隠された深い意味

古典的な名作は一文、一段落が持つ意味や象徴が大変意義深く、筆写を通じて得られる効果もより大きくなります。日本の小説家丸山健二が「人類史上最高の小説」と称賛したハーマン・メルヴィルの『白鯨』（岩波書店ほか）は、絶対的な存在に立ち向かう人間の情熱と悲劇を扱った作品です。

わたしをイシュメールと呼んでもらおう。

Call me Ismael.

『白鯨』の冒頭です。一見するとこの文は、ただ話し手の名前を示しているだけです。作者が最初の文を重要視する点を考えると、人類最高の小説の冒頭にしてはあまりにも単純です。ならばこの文にはきっと、話し手の名前を知らせる以上の隠された意味があるに違いない。そんな疑問を抱いて再びこの文を読むと、確かに奇妙なところがあります。名前を紹介するなら「わたしの名前はイシュメールだ」とするほうがずっと自然なのに、メルヴィルは「わたしをイシュメールと呼んでもらおう」と書きました。「イシュメール」とは誰で、なぜそう呼んでくれと言ったのでしょう?

インターネット百科事典を検索すると、「イシュメール」が旧約聖書の登場人物であることが判明します。ユダヤ民族の祖先アブラハムが、夫人サラとの間に子がいなかったため下女のハガルに産ませた息子がイシュメールです。イシュメールはユダヤ民族の後継者として育てられましたが、後にサラが息子イサクを生むと、追放されてしまいます。そのためキリスト教文化圏では、イシュメールは「追放された者」という意味があります。つまり「わたしをイシュメールと呼んでもらおう」という最初の文は、「わたしを追放者と呼んでもらおう」という意味であると同時に、この小説がキリスト教的世界観に基づいていることを示しています。

物語の話し手イシュメールは、巨大な白鯨「モビー・ディック」との最後の戦いで生き残った唯一の人物です。「白鯨との戦いで一人だけ死ななかったことは、他の仲間から追放されたことと同じ」という解釈が成り立ちます。そしてこれがまさに、この小説のテーマを理解する重要な手がかりです。

筆写をすると、このように作品を深く理解できるようになり、その作品解釈力は国語の試験で予想外の威力を発揮します。そればかりか作品に関する有意義な知識を積むことで、教養書を読むのと同じ効果も得られます。

アブラハムの二人の息子のうちイサクはユダヤ人の祖先でユダヤ教の、さらにはキリスト教のルーツとなりました。イシュメールはアラブ民族の祖先でイスラム教徒のルーツとされています。ユダヤ教とキリスト教とイスラム教は同じ起源を持つ兄弟宗教です。異なる点は、キリスト教は旧約聖書における救世主がイエスであるとし、ユダヤ教はまだ救世主が現れていないとし、イスラム教では預言者マホメットの教えに従うとしていることです。ここで世界の五大宗教のうち三つの宗教についての知識を得ることになりました。『白鯨』の冒頭一文だけでも、実に多くのことが盛り込まれています。

このように、理解した文章が積み重なっていくと考えてみましょう。一段落、1章、一冊の本を筆写したあと、子どもの知的能力がどのくらい成長するか想像できますか？

ただ目で読むだけでは、こんなことが起こるとは気づきもしません。しかし一冊でもしっかり筆写を行えば、一行の文の中にこうした深い意味が隠されていることがわかります。これを知った子とまったく知らない子の読みの深さには、当然大きな違いが生じます。筆写を実践した子どもは物語の意味をつかみ取るすべを知り、一冊の本で言語能力が大幅にアップします。適切に行いさえすれば、たった一冊の筆写だけで名門大学に楽々合格できる言語能力を身に付けることができるのです。

子どもの頭が良くなる読書法 ⑫

一年に一冊の本を書き写す、筆写強化読書法

小説の導入部を書き写す〈子どもの頭が良くなる読書法3　言語能力を短時間で引き上げる、中学生の筆写読書法（116ページ）〉とは異なり、本全体を筆写する読書法です。**教養書でも文学書でもかまいませんが、本のレベルは大人向けが適しています。**

筆写は40分から1時間ほどかけて行います。普段から本好きな子か、長編の児童書を毎週一冊ずつ読む〈子どもの頭が良くなる読書法1　中学進学で成績を下げないための、小学校高学年の基本読書法（47ページ）〉を二年以上続けた子であれば、小学6年生でも行えます。効果は非常に大きく、小学6年生が一カ月で中学校の教科書を容易に理解できるようになります。

◎筆写強化読書法

❶筆写の原則を教える

・月曜日から金曜日までの週5回、毎日2ページずつ。
・知らない単語や理解できない文章を別に書き出す。
・筆写する時間を決める。

❷筆写する

・1時間程度と決め、筆写をさせる。

❸筆写後に会話する

・筆写した部分について、15分ほど簡単に会話する。
・「本は難しかったか」「理解できなかった文はどれか」「難しい箇所や面白かった箇所はどこか」など自由に話す。

❹一緒に読む

・筆写した部分を一文ずつ一緒に読む。
・各文章の意味を子どもに尋ねる。
・理解できなかった文章や単語を別に書き出す。

筆写するときは、雑に書きなぐってはいけません。文の内容を理解しようとしながら、一文一文力を入れて書きましょう。

筆写は大変な作業です。行うたびに適切なご褒美を与えればモチベーションアップにつながることがあります。

筆写後は一緒に一文一文読みながら、文の意味について会話します。子どもから説明を聞く気持ちで臨みましょう。**もし子どもが「ここがわからない」「ここはよく理解できなかった」などと言ったら、あえて説明しようとせず、別に書き出しておくよう指示します。**読み終えた後も理解できていなければ、そこでインターネット百科事典や他の本で調べます。

「抜き書き」自分だけの知識地図を描く

文学書の究極の読書法が筆写なら、**抜き書きは教養書の究極の読書法です**。教養書は鉛筆で下線を引き、段落ごとのテーマをメモしながら読む本であり、それにより知識処理の方法や能力が向上します。抜き書きはさらにそこから一歩進みます。**教養書の内容をノートに要約し、まとめることによって、その本に記載された知識構造はもちろん、知識そのものが完全に自分のものになるのです**。非常に効果的ですが、実際に行うには大変難しい方法でもあります。その代わり、どうせやることになる学校の勉強を抜き書きの形にすれば、負担を減らしつつ、教科の学習にも役立ちます。

一見すると、抜き書きノートは学校の科目別ノートに似ています。しかし厳密に言うと、科目別ノートは抜き書きノートというより講義録に近いものです。**抜き書きとは自分で本を読み、重要な点を体系化してノートに書き出すことです**。このプロセスを自ら行ってこそ、飛躍的な成長を遂げることができるのです。ところが科目別ノートは、このプロセスを学生ではなく、先生が行います。生徒は先生が黒板にまとめた結果を書き写すだけです。そのため毎授業ごとにノートを取っても、知識を処理する能力はなかなか成長しません。

言い換えれば、**子どもが自分で教科書を読み、自分だけの方法でメモを整理すれば、飛躍的な成長が可能になります**。実際にも、読書経験はほぼゼロなのに言語能力が高い優等生のほとんどがこの方法で勉強しています。学習方法そのものが抜き書きのため、学校の勉強をしながら自然に言語能力が上昇するのです。もちろん教科書は完全な形の教養書ではなくカタログに近いものなので、その効果は限定的です。それでもやらない生徒に比べれば、天と地ほどの差がつきます。

簡単な抜き書きの例

中学時代に抜き書きの形で勉強しなかった生徒は、まず高校進学後に苦戦を強いられます。知識を伝える文をきちんと読む訓練をほとんどしてこなかったため、高校の教科書が理解できないのです。簡単な例を挙げてみます。

ハッブルは、我々の銀河系内の天体と考えられていた星雲と呼ばれる天体の中に、我々の銀河系の外側にある銀河そのものが含まれていることを明らかにした。このような発見ができたのは、天文学者リービットが脈動変光星《みゃくどうへんこうせい》の絶対等級と周期とに特別な相関関係があることを解明したおかげであった。脈動変光星とは膨張と収縮を繰り返すことで明るさが変化する星である。数千に及ぶ脈動変光星の明るさを観測したリービットは、絶対等級が低く明るい星ほど変光周期が長く、絶対等級が高く暗い星ほど変光周期が短いことを発見した。これを「リービットの法則」あるいは「脈動変光星の周期と光度の関係」という。

「高等学校　科学」より

高校1年の科学の教科書からの抜粋です。1ページに一つぐらいは登場する、非常に一般的な説明文です。ところが高校1年で、この文章を読んで5分以内に意味を把握できる生徒は十人中一、二人しかいません。ほとんどの生徒がなんの話なのかわからないと言い、ときには吐きそうだと言う子までいます。それくらい理解できないのです。教科書でたった七行しかないこの短い文章を理解できない子どもに、優秀な成績を期待できるはずがありません。そしてそのような子は、したくても抜き書きなどは不可能です。内容が理解できないので要点がどこなのかもわからず、要点がわからないので何を書けばよいのかわか

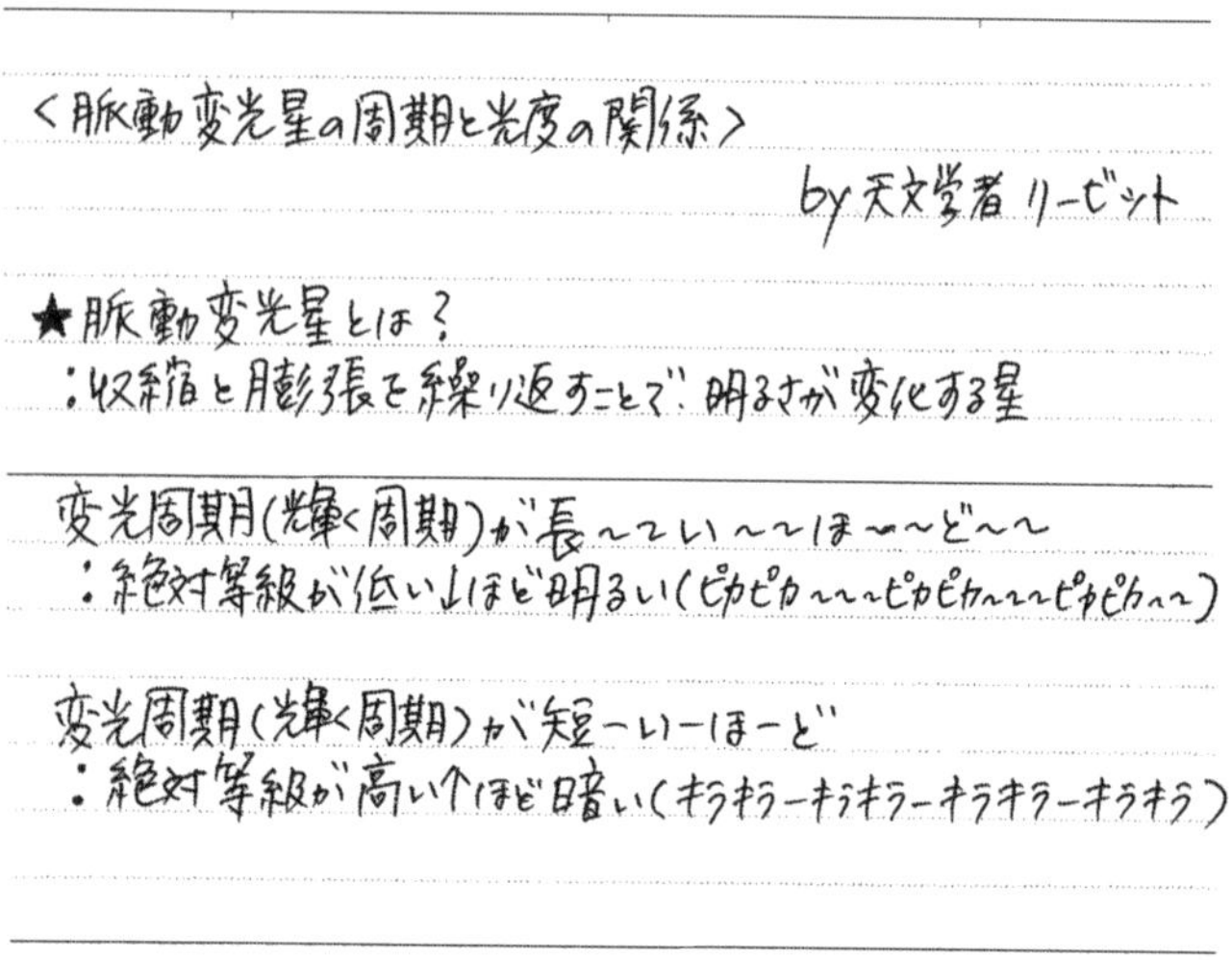
<脈動変光星の周期と光度の関係>
by 天文学者 リービット
★脈動変光星とは？
：収縮と膨張を繰り返すことで明るさが変化する星
変光周期（輝く周期）が長〜い〜〜ほ〜〜ど〜〜
：絶対等級が低い↓ほど明るい（ピカピカ〜〜ピカピカ〜〜ピカピカ〜〜）
変光周期（輝く周期）が短ーいーほーど
：絶対等級が高い↑ほど暗い（キラキラーキラキラーキラキラーキラキラ）

らないからです。

小中学校のころから抜き書きして学び、知識を自分のものにしてきた子どもは、この段落のポイントを簡単に把握します。この段落のポイントは、ハッブルが銀河の距離を調べた方法である「脈動変光星の周期と光度の関係」です。教科書本文を見れば、親切にも太字で強調してくれています。

ここに挙げたノートはよくある抜き書きの例です。こんなふうに書くだけでも成績はぐっと上昇します。

さて、どうせ勉強するなら知識処理能力を上げ、より深く掘り下げてみましょう。教科書ではさらっと説明されている「脈動変光星」「リービット」などの語をインターネット百科事典を利用して調べてみるのです。こうして教科書に出てきた用語を理解しながら勉強すれば、より深いレベルで知識を扱えるようになり、常識も豊かになります。またそのプロセスによって知識処理能力や言語能力は飛躍的に向上するでしょう。そして向上した言語能力は、すぐ次の定期テストで威力を発揮します。より効率的に学べ、成績も上がります。

子どもの頭が良くなる読書法 13

情報をまとめる力を伸ばす、抜き書き読書法

大人向けの教養書一冊を抜き書きしながら読むことにより、知識を扱う能力を鍛える読書法です。**この読書法を実行するには、まず一般向けの教養書を読み、重要ポイントを抜き出せる能力が必要です。**その力さえない状態では試みることすらできません。そのためこれは、すでに一定レベル以上にいる子どもが知識を扱う能力を強化したいときに使う方法だといえるでしょう。〈子どもの頭が良くなる読書法8 インターネット百科事典を使って読む、中高生の教養書基本読書法（258ページ）〉、〈子どもの頭が良くなる読書法9 三カ月に一冊で最上位圏の成績になる、中高生の教養書強化読書法（286ページ）〉で十分鍛えてから挑戦すれば、目覚ましい効果が期待できます。

❶鉛筆を持って教養書1章程度の分量を一度通読する

❷段落別の要点やわからない部分に印をつける

・読んだ部分を最初から再読、鉛筆でそのつど印をつけながら分析的に読む。

❸もう一度読み、内容を完全に把握する

・抜き書きノートの作成方法を構想しながら、また通読する。

❹抜き書きノートに内容を整理する

本の内容を完全に理解しても、自分なりの方法で情報を抽出し、整理できなければ抜き書きもできません。反復読書をしながら1章分を完全に理解し、さらに抜き書きノートの構成プランを立てる必要があります。抜き書きは、本に記載された知識の地図を描くことに似ています。抜き書きしながら一冊読むだけでも、知識を扱う能力ははるかに成長します。**さらに抜き書きノートはそれ自体が知識の貯蔵庫のような役割を果たします**。読んだあと何年経っても抜き書きノートを見れば、本の詳細を思い出せるのです。

うちの子に合った読書法は？

各章で説明した 子どもの頭が良くなる読書法 は、学年別、読解力レベル別に分かれています。子どもの学年とレベルに合った読書法を見つけましょう。

◎読解力レベル別読書法

読解力レベル ▼ 不足

小学校低学年……… 子どもの頭が良くなる読書法4（145ページ）

小学校高学年……… 子どもの頭が良くなる読書法5（163ページ）

中学生・高校生…… 子どもの頭が良くなる読書法5（163ページ）

読解力レベル ▼ 普通

小学1、2年生…… 子どもの頭が良くなる読書法7（217ページ）

小学3〜6年生……子どもの頭が良くなる読書法1（47ページ）
中学生・高校生……子どもの頭が良くなる読書法2（78ページ）

読解力レベル▼優秀、または強化したいとき

小学生……子どもの頭が良くなる読書法11（308ページ）
中学生・高校生……子どもの頭が良くなる読書法3（116ページ）〈※中学生のみ〉
子どもの頭が良くなる読書法8（258ページ）
子どもの頭が良くなる読書法9（286ページ）
子どもの頭が良くなる読書法10（301ページ）
子どもの頭が良くなる読書法11（308ページ）
子どもの頭が良くなる読書法12（316ページ）
子どもの頭が良くなる読書法13（324ページ）

読書計画を立てる

子どもの読解力に合った読書法から始め、徐々に高いレベルに引き上げます。**最初の目標は年齢相応の言語能力を備えることです。**それだけでも学校の勉強には十分対応できます。**強化に該当する読書法は、子どもを説得できたときのみ行います。**へたに試みると、子どもが本に興味を失ってしまうことがあります。

◎レベル別読書計画例

【例1】本に慣れていない小学2年生

ステップ1 ＊必須

子どもの頭が良くなる読書法4（145ページ）

読解力不足を克服します。

ステップ2 ＊必須

子どもの頭が良くなる読書法7（217ページ）

自分の学年向けの本を読んで年齢相応の言語能力を養います。

ステップ3 ＊子どもと相談のうえ選択

子どもの頭が良くなる読書法11（308ページ）

同じ本を繰り返し読むことで実年齢より高く確かな言語能力を備えます。

【例2】普通、またはレベルアップしたい中学2年生

ステップ1 ＊必須

子どもの頭が良くなる読書法2（78ページ）

二、三年続ければ、高校2年生レベルの言語能力が身に付くことが期待できます。

ステップ2＊子どもと相談のうえ選択

子どもの頭が良くなる読書法3（116ページ）
子どもの頭が良くなる読書法8（258ページ）
子どもの頭が良くなる読書法9（286ページ）
子どもの頭が良くなる読書法10（301ページ）
子どもの頭が良くなる読書法11（308ページ）
子どもの頭が良くなる読書法12（316ページ）
子どもの頭が良くなる読書法13（324ページ）

六カ月以上続ければ、さらに確かな言語能力が得られます。

おわりに

読書が「勉強」でなくなるとき、勉強脳は育つ

講演の準備をするたびに、私は「たった一人の子ども」のことを考えます。**「たった一人だけでも読書の世界に連れていければ大成功」**と自分に言い聞かせるのです。私にとっては、それほど難しいことだからです。

ところが生意気なことに、いざ講演を始め、聴いてくれる人々の目の輝きや、講演後に次々と質問の手が上がる様子を見るうちに、少なくとも何十人かは読書の世界に導いたのではないか、という錯覚に陥ってしまいます。しかし家路につくころには、決まって心が重くなっています。果たして一人でも読書の世界に連れていけただろうか？　と、すっかり自信を喪失しているのです。

家庭での読書教育をどう行えばよいか。講演を聴いているときはなんとなくわかったような気がしても、いざ現実のこととなると、なかなかうまくいきません。それは教育現場で生徒たちと本を読む私が一番よくわかっています。そこで思いついたのが、本書『子ど

もの頭が良くなる読書法』です。その時が過ぎれば忘れてしまう講演とは違い、本ならいつでも広げて参照していただけるからです。

「昔とは違うんですよ。今の競争の激しさは」

周囲の噂が聞こえてくるでしょう。親戚の誰それは英語の胎教をして、英語の幼稚園に通わせている。隣の誰それは有名な教育プログラムに参加し評判の塾に入れた。疑問や不安が心を乱します。本を読むだけで、ほんとうにあの子たちに追いつくことができるのか？そんなことをしたら、うちの子だけ取り残されるのでは？

お気持ちはよくわかります。優等生だった近所の子どもが中学、高校に上がるにつれ成績が落ちるのを見たりすると、「うちの子どもだけはああならないようにしよう」と決意を固めるのが人の常です。なんでも助けになるなら頼りたくなるのは当然です。

早期教育や塾、家庭教師といった時流に乗るときもあるでしょう。ただこれだけは覚えておいてください。早期教育や塾、家庭教師は今のご両親の不安や焦り、疑問を解消できるかもしれませんが、子どもの入試を成功へと導くわけではないという事実を。

私は過去十数年間、教育という川の流れの真ん中に立ち、あらゆる測定ツールを用いて、何が子どもの成績を左右し、何が効果的な学習方法なのかを調べてきました。そして様々な指標、いくつもの研究資料、そして多くの生徒たちによって、二つの事実を明らかにしました。

まず、教科書の難易度という観点から見れば、近年の教育と昔の教育に違いはないことです。昔の教科内容も、今の難易度と同様に難しかったのです。英語、数学、国語、社会、科学……みな同じです。つまり、「昔とは違う」は実体なしに恐怖をあおるマーケティング戦略にすぎません。変わったのは、多くの子どもが非常に幼いうちから早期教育や塾、家庭教師の力を借りて勉強するようになり、自分で勉強する能力が極度に低下したことだけです。

次に、**子どもの成績は最終的に子どもの勉強脳、すなわち子どもの言語能力に見合った定位置を見つけていくことです**。どんなに多くの教科知識を習得しようと、また何学年先の課程を学習しようと、言語能力が低い子どもは、いつかは成績が低下します。逆に教科の知識はなく基礎が弱くても、言語能力が高ければ結局は成績が上がります。程度によって、その時期が異なるだけです。ある子どもは中学生になってから、またある子どもは高校生になってから、自分の言語能力に合った成績に落ち着きます。これはデータが物語る客観的な真実です。

勉強ができる子にしたいですか？　入試を成功させたいですか？　ならば、本を優先順位のトップに置いてください。英語塾のために本を奪ったり、数学問題のために読書を後回しにしたりしないでください。子どもの学力を伸ばしたいなら、まず読書を優先させましょう。本を読む時間と環境を作ってやり、読書の喜びを感じさせてください。

もちろん、読書を最優先にすることは容易ではありません。かといって不可能でもないのです。本を読む子どもを信じましょう。

本によって子どもの言語能力を育ててください。子どもの年齢や能力に合わせ、着実に行えば可能です。そのために、本書が小さな道しるべになれたら幸いです。

まだ幼い子どもを持つ親御さんのために、『子どもの頭が良くなる読書法』の皮肉な大原則を強調することで、本書の締めくくりといたします。

「本によって優秀な子どもに育てたいですか？　ならば、子どもが面白がる本を読み聞かせてください。楽しめる読書だけが、子どもを成長させます」

チェ・スンピル

訳者あとがき

苛烈な学歴社会である韓国の親が夢中で読み、話題をさらった一冊

『子どもの頭が良くなる読書法』(チェ・スンピル著)をお届けします。韓国2019年上半期ベストセラー1位、苛烈な学歴社会である韓国の親が夢中で読み、話題をさらった書籍です。

学歴社会として知られる韓国では、それに伴い当然のことながら激しい受験戦争が繰り広げられています。本書にも登場する「大学修学能力試験」は国を挙げての行事であり、遅刻しそうな学生をパトカーで試験会場まで送り届ける様子や、試験中に子どもの健闘を願って熱心に祈りをささげる親たちの姿が毎年日本でも報じられます。近年は日本で言うところの推薦入学の割合が増えたため修能試験の比重は減っているそうですが、それでも受験の大変さに変わりはありません。

著者チェ・スンピル氏はソウルで論文・作文を教える塾の講師です。長年の経験をもとに、学校の成績を決めるのは読解力であり、読解力を高めるには読書が最善の方法である

として、効率的な読書法を紹介しています。さらにチェ氏は、成績アップや受験突破のためには塾や早期教育よりも読書のほうがはるかに効果的だと明言します。読書によって読解力、思考力、推論力、共感力、表現力が鍛えられ、難しい試験問題もすらすら解けるようになると聞けば、子どもの将来を案じる親としては思わず手にとってしまう一冊でしょう。

実際のところ、読書が成績に与える影響は日本でもよく言われており、特に新しいテーマではありません。とはいえ学習大国韓国の読書教育専門家による数多くの結果をもとにしたメソッドという点で、日本人にもたいへん興味深く、期待の持てる内容と言えます。

本書の特徴は幼児期・小中高の学年別、読書に不慣れな子から本好きな子までレベル別に、問題点や解決法が幅広く説明され、とりわけ「どのくらいの分量を、どんなペースで、何日間」といった具体的なスケジュールと実践方法が示されていることです。いずれも「これくらいならできるかもしれない」と思える方法ばかりです。また取り上げられた書籍も日本で入手しやすいものが大半で、本選びの大きな目安となります。

著者の主張のとおり、読書はまず楽しいことが一番です。最初は半信半疑で始めても、面白く読み続け、効果が表れるにつれて、ますます本を開くことが楽しくなっていくでしょう。

本書が少しでも皆さまのお役に立てることを願っています。

北野　博己

쿠로노 신이치《어쩌다 중학생 같은 걸 하고 있을까》뜨인돌, 2012
『のっぽのミニ、おにいちゃんのぬれぎぬをはらす(仮邦題)』クリスティーネ・ネストリンガー著、1999年、原題『Mini erlebt einen Krimi.』／크리스티네 뇌스틀링거《오빠의 누명을 벗기고 말테야》1999
『きゅうりの王さまやっつけろ』ネストリンガー著、ベルナー・マウラー絵、若林ひとみ訳、岩波書店　1987年／크리스티네 뇌스틀링거《오이대왕》사계절, 2009
『本をたべるきつね(仮邦題)』フランツィスカ・ビーアマン、ジュニアキミョン社、原題『Herr Fuchs mag Bücher』／프란치스카 비어만《책 먹는 여우》주니어김영사, 2016
『アニーの部屋のゆうれい(仮邦題)』フィリッパ・ピアス著　ノンジャン、2005年、原題『The Ghost In Annie's Room』／필리파 피어스《외딴 집 외딴 다락방에서》논장, 2005
『きみはダックス先生がきらいか』灰谷健次郎著、大日本図書　1981年／하이타니 겐지로《너는 닥스 선생님이 싫으냐？》비룡소, 2003
『白鯨』メルヴィル著、八木敏夫訳、岩波書店　2004年ほか／허먼 멜빌《모비딕》1851
『春香伝』許南麒訳、岩波書店　1956年
『三びきのこぶた』瀬田貞二、山田三郎共訳、福音館書店　1967年ほか

教養書

『君主論』マキャベリ著、河島英昭訳、岩波書店　1998年ほか／니콜로 마키아벨리《군주론》1532
『人類が知っていることすべての短い歴史』ビル・ブライソン著、楡井浩一訳、新潮社　2014年／빌 브라이슨《거의 모든 것의 역사》까치, 2003
『純粋理性批判』イマヌエル・カント著、篠田英雄訳、岩波書店　1961年ほか／임마누엘 칸트《순수이성비판》1781
『社会契約論』ジャン=ジャック・ルソー著、桑原武夫訳、岩波書店　1954年ほか／장 자크 루소《사회계약론》1762
『資本論』カール・マルクス著、向坂逸郎訳、岩波書店　1969年ほか／칼 마르크스《자본론》1867～1894
『COSMOS』カール・セーガン著、木村繁訳、朝日新聞出版　1981年／칼 세이건《코스모스》사이언스북스, 2004
『神と新しい物理学』ポール・デイヴィス著、戸田盛和訳、岩波書店　1994年／폴 데이비스《현대 물리학이 발견한 창조주》정신세계사, 1988

本書で紹介した本（＊原書掲載順）

文学書

『ひとりぼっちの不時着』ゲイリー・ポールセン著、西村醇子訳、くもん出版　1994年／게리 폴슨《손도끼》사계절, 2001
『ぼくのおなかがしろいわけ』熊田勇作・絵、講談社　1999年／구마다 이사무《내 배가 하얀 이유》문학동네, 2003
『モンシル姉さん』権正生著、卞記子訳、てらいんく、2000年／권정생《몽실언니》창비, 2012
『ワンドゥギ』金呂玲著、白香夏訳、コリーヌファクトリー　2016年／김려령《완득이》창비, 2008
『銀の匙』中勘助著、岩波書店　1921年／나카 간스케《은수저》작은씨앗, 2012
『だめよ、デイビッド！』デイビッド・シャノン著、小川仁央訳、評論社　2001年／데이빗 섀논《안 돼, 데이빗！》지경사, 1999
『豚の死なない日』ロバート・ニュートン・ペック著、金原瑞人訳、白水社　1996年／로버트 뉴튼 펙《돼지가 한 마리도 죽지 않던 날》사계절, 2012
『チョコレート工場の秘密』ロアルド・ダール著、クェンティン・ブレイク絵、柳瀬尚紀訳、評論社　2005年／로알드 달《찰리와 초콜릿 공장》시공주니어, 2000
『穴』ルイス・サッカー著、幸田敦子訳、講談社　1999年／루이스 새커《구덩이》창비, 2007
『はてしない物語』ミヒャエル・エンデ著、上田真而子、佐藤真理子訳、岩波書店　1982年／미하엘 엔데《끝없는 이야기》비룡소, 2000
『ふわふわ・くもパン』ペク・ヒナ文・絵、キム・ヒャンス写真、星あキラ、キム・ヨンジョン共訳、小学館　2006年／백희나《구름빵》한솔수북, 2004
『星の王子さま』サン＝テグジュペリ著、内藤濯訳、岩波書店　1962年ほか／앙투안드 생텍쥐페리《어린 왕자》1943
『ふたりのロッテ』エーリヒ・ケストナー著、池田香代子訳、岩波書店　2006年／에리히 캐스트너《로테와 루이제》시공주니어, 2000
『フランダースの犬』ウィーダ著、村岡花子訳、新潮社　1954年ほか／위다《플랜더스의 개》1872
『傍観者（仮邦題）』ジェームズ・プレラー著、ミレイン　2012年、原題『Bystander』／제임스 프렐러《방관자》미래인, 2012
『どうにかしたい！—すみれin Junior high school』黒野伸一著、理論社　2010年／

『受けてみたフィンランドの教育』実川真由、実川元子共著、文藝春秋、2007年／지쓰카와 마유·지쓰카와 모토코《핀란드 공부법》문학동네, 2012
채창균·신동준〈독서·신문읽기와 학업성취도, 그리고 취업〉한국직업능력개발원, 2015.11.26
『読んだら忘れない読書術：精神科医が教える』樺沢紫苑著、サンマーク出版、2015年／카바사와 시온《나는 한 번 읽은 책은 절대 잊어버리지 않는다》나라원, 2016
『ベストプロフェッサー』ケン・ベイン著、高橋靖直訳、玉川大学出版部、2008年（高等教育シリーズ；145）／켄 베인《최고의 공부》와이즈베리, 2013
파시 살베르그《핀란드의 끝없는 도전》푸른숲, 2016
（Pasi Sahlberg Finnish Lessons 2.0: What Can the World Learn from Ed-ucational Change in Finland?（Series on School Reform））
『伝説の灘校教師が教える一生役立つ学ぶ力』橋本武著、日本実業出版社、2012年／하시모토 다케시《슬로 리딩》조선북스, 2012
『すぐできる！　朝の読書実践マニュアル―子どもが変わる、学校が変わる（小学校編）』林公編・著、小学館、2003年／하야시 히로시《아침독서 10분이 기적을 만든다》청어람미디어, 2005
현은자 외《세계 그림책의 역사》학지사, 2008
『本を読む人だけが手にするもの』藤原和博著、日本実業出版社、2015年初版／후지하라 가즈히로《책을 읽는 사람만이 손에 넣는 것》비즈니스북스, 2016
『格差をなくせば子どもの学力は伸びる― 驚きのフィンランド教育』福田誠治著、亜紀書房、2007年／후쿠타 세이지《핀란드 교실혁명》비아북, 2009
『競争やめたら学力世界一　フィンランド教育の成功』福田誠治著、朝日新聞社、2006年／후쿠타 세이지《핀란드 교육의 성공》북스힐, 2008
힐 마골린『공부하는 유대인』일상이상, 2013
EBS「ドキュプライム―教育大企画10部　学校とは何か？」2010.11.15～12.01
EBS「世界の教育現場-1、フィンランドの幼稚園教育、よく遊んでこそ勉強もできる！」2010.04.12
EBS 공부의 왕도 제작팀《EBS 공부의 왕도》예담프렌드, 2010
EBS特集ドキュメンタリー「ともに読む読書の力」2016.11.06
EBS MEDIA·정영미《EBS 다큐프라임 슬로리딩, 생각을 키우는 힘》경향미디어, 2015
JTBC「芸能プログラム 非頂上会談」2017.5.15
KBS「水曜企画 世界を導く1%の天才たちの読書法」2011.11.16
KBS 읽기혁명 제작팀·신성욱《뇌가 좋은 아이》마더북스, 2010
KBS「特集ドキュメンタリー 本を読む大韓民国、読書革命」2009.05.05～05.06

박현모 외 『세종의 서재』 서해문집, 2016
『大人のための読書の全技術』斎藤孝著、KADOKAWA、2014年／사이토 다카시 《독서는 절대 나를 배신하지 않는다》 걷는나무, 2015
『読書力』斎藤孝著、岩波書店、2002年／사이토 다카시 《독서력》 웅진지식하우스, 2015
세바스티안 라이트너 《공부의 비결》 들녘, 2005(Sebastian Leitner So lernt man lernen: Der Weg zum Erfolg)
신성욱 《조급한 부모가 아이 뇌를 망친다》 어크로스, 2014
안무늬 〈유아행복 교육 ③ “조기 교육 아닌 뇌 발달에 맞는 ‘적기교육’ 해야”〉 베이비타임즈, 2014.06.26
앙토냉 질베르 세르티양주 《공부하는 삶》 유유, 2013(Sertillanges, A.-D La Vie Intellectuelle)
『読書術』エミール・ファゲ著、中条省平監修、石川湧訳、中央公論新社、2004年／에밀 파게 《단단한 독서》 유유, 2014
『スティーブ・ジョブズⅠ、Ⅱ』ウォルター・アイザックソン著、井口耕二訳、講談社、2011年／월터 아이작슨 《스티브 잡스》 민음사, 2011
이상주 《조선 명문가 독서교육법》 다음생각, 2011
『子どもは40000回質問する―あなたの人生を創る「好奇心」の驚くべき力―』イアン・レズリー著、須川綾子訳、光文社、2016年／이언 레슬리 《큐리어스》 을유문화사, 2014
『奇跡の教室：エチ先生と『銀の匙』の子どもたち：伝説の灘校国語教師・橋本武の流儀』伊藤氏貴著、小学館、2010年／이토 우지다카 《천천히 깊게 읽는 즐거움》 21세기북스, 2012
이현호 〈한글 일찍 깨우치면 독해, 어휘 능력 더 떨어져〉 에듀진, 2017.04.07
이혜정 《서울대에서는 누가 A+를 받는가(ソウル大ではだれがA+を取るのか〈仮邦題〉)》 다산에듀, 2014
이희석 《나는 읽는 대로 만들어진다》 고즈윈, 2008
이희수 외 〈한국 성인의 문해실태에 관한 OECD 국제 비교 조사 연구〉 한국교육개발원, 2001.12.31
임원기 《스티브 잡스를 꿈꿔 봐》 탐, 2011
정현숙 《공교육 천국 네덜란드》 한울, 2012
조 디스펜자 《꿈을 이룬 사람들의 뇌》 한언, 2009(Dispenza, Joe Evolve your Brain)
『脳のはたらきのすべてがわかる本』ジョン・J.レイティ著、堀千恵子訳、角川書店、2002年／존 레이티 《뇌 1.4킬로그램의 사용법》 21세기북스, 2010

参考文献(＊原書掲載順)

『読書術』加藤周一著、岩波現代文庫、2000年　(『頭の回転をよくする読書術』光文社カッパ・ブックス、1962年の改訂版)／가토 슈이치《가토 슈이치의 독서만능》사월의책, 2014

강희종〈스마트폰 전 연령대로 확산…"중학생도 10명중 9은 사용"〉아시아경제, 2016.12.19

고영성·신영준《완벽한 공부법》로크미디어, 2017

권옥경《그림책 읽어주는 시간》북바이북, 2016

김기중〈여학생 성적이 남학생보다 높은 까닭은…〉서울신문, 2015.08.17

김나래〈온도계의 철학, 국내 번역 출간…과학철학계 독보적 존재 英 케임브리지대 장하석 교수〉국민일보, 2013.11.14

김은하《독서교육, 어떻게 할까？》학교도서관저널, 2014

김은하《영국의 독서교육》대교, 2009

김정진《독서불패》자유로, 2005

김진향《책먹는 아이들》푸른사상, 2005

김창화《1등을 만드는 읽기 혁명》글로세움, 2009

김창화《독서 잘하는 아이가 무조건 대성한다》한스미디어, 2006

김희삼〈왜 사교육보다 자기 주도 학습이 중요한가？〉한국개발연구원(KDI), 2011.03.28

『読むことの歴史―ヨーロッパ読書史』ロジェ シャルティエ、グリエルモ カヴァッロ編、田村毅 [ほか] 共訳、大修館書店、2000年／로제 샤르티에·굴리엘모 카발로《읽는다는 것의 역사》한국출판마케팅연구소, 2006

『頭のでき―決めるのは遺伝か、環境か』リチャード・E.ニスベット著、水谷淳訳、ダイヤモンド社、2010年／리처드 니스벳《인텔리전스》김영사, 2010

『スティーブ・ジョブズの王国―アップルはいかにして世界を変えたか？』マイケル・モーリッツ著、林信行監修、青木榮一訳、プレジデント社、2010年／마이클 모리츠《스티브잡스와 애플Inc.》랜덤하우스코리아, 2010

『プルーストとイカ―読書は脳をどのように変えるのか？』メアリアン・ウルフ著、小松淳子訳、インターシフト、2008年／매리언 울프《책 읽는 뇌》살림, 2009

『ゲーム脳の恐怖』森昭雄著、日本放送出版協会、2002年／모리 아키오《게임뇌의 공포》사람과책, 2003

『フロー体験入門：楽しみと創造の心理学』M.チクセントミハイ著、大森弘監訳、世界思想社、2010年／미하이 칙센트미하이《몰입의 즐거움》해냄출판사, 2010

박성희《독일 교육, 왜 강한가？ 》살림터, 2014

［著者］

チェ・スンピル

読書教育の専門家であり、子どもや中高生向けの教養書作家。

韓国における教育トップの地とされる大峙洞（テチドン）の塾で講師を始めて12年間、読書教育、論文・作文教育に携わる。『パパが聞かせる神話、人間ってなに?』で第18回チャンビすぐれた子どもの本企画部門大賞を受賞。

本など読んだこともなかった全校最低ランクの小学生時代、たまたま手にして目が腫れあがるほど泣き、何度も読み返した『フランダースの犬』を「人生を変えた本」に挙げる。読書の世界に足を踏み入れてからは教科書もすらすら読めるようになり、優等生になる経験をするうち「自分にもできる」ことに気づき、とうとう作家になる夢もかなえた。

生徒と毎日本を読んで討論する講師として、また3人の子どもに本を読み聞かせる父として読書教育の難しさを誰よりもよく知るだけに、実際の教育現場で効果のあった方法を多くの人に伝えることにもっとも幸せを感じる。韓国中の図書館、学校などを回って保護者や司書、学生たちを対象に「読書と勉強になんの関係がある?　勉強脳を作る読書法」と題した講演を行い、保護者対象の読書教育インターネットサイト「勉強脳を作る読書法cafe.naver.com/gongdock」を運営中。ポッドキャスト「我が家の共感読書」で進行役を務める。

著書に『エミール・ゾラさん、真実とはなんですか?』（チェクマル）、『世界が驚嘆した韓国史珍記録』（トゥインドルオリニ）、『幾重にも連なる美しい私たちの山河』（ジュニアRHK）他多数。教育雑誌「ウリ教育」に読書文化コラムを連載中。「子どもの園」「子どものよい考え 笑顔の花」などさまざまな媒体でコラムを連載した。

［訳者］

北野 博己（きたの・ひろみ）

韓国語翻訳者。東京都出身。上智大学卒業。

子どもの頭が良くなる読書法

2021年２月16日　第１刷発行

著　者――チェ・スンピル
訳　者――北野 博己
発行所――ダイヤモンド社
〒150-8409　東京都渋谷区神宮前6-12-17
https://www.diamond.co.jp/
電話／03･5778･7233（編集）　03･5778･7240（販売）

装丁･本文デザイン―中井辰也
翻訳協力――株式会社トランネット
製作進行――ダイヤモンド・グラフィック社
印刷――――八光印刷（本文）・ベクトル印刷（カバー）
製本――――ブックアート
編集協力――依田則子
編集担当――土江英明

ISBN 978-4-478-11022-5